だいわ文庫

フランス人は10着しか服を持たない

パリで学んだ“暮らしの質”を高める秘訣

ジェニファー・L・スコット＝著
神崎朗子＝訳

大和書房

本作品は小社より二〇一四年一〇月に刊行されました。

Introduction

日常が突然、特別なものに見えてくる

リビングの布張りのアームチェアで、ゆったりとくつろぎのひととき。刻みタバコの香りがふんわりと漂っている。天井まで届く窓からは、パリの街のやさしい夜風がそっと流れこみ、ゴブラン織りの美しいカーテンは優雅なひだを描いて、たっぷりと床に垂れている。

ヴィンテージのレコードプレーヤーから聞こえてくるのは、クラシック音楽の調べ。食器はもうほとんど下げられ、ダイニングテーブルの上に残っているのは、食後のコーヒーのカップとパンくずだけ――〝フロマージュの王様〟カマンベールチーズを載せてみんなでぺろりと平らげた、焼きたてのバゲットのかけら。

ムッシュー・シックは静かにパイプをくゆらせている。音楽に合わせてゆっくりと首を振っているその様子は、まるでオーケストラの指揮者みたい。息子さんはポートワインのグラスを片手に、窓辺に佇《たたず》んでいる。マダム・シックはキッチンから戻ってくると、シルクのブラウスとAラインのスカートを覆っていたエプロンを外す。満足そうにほほえむマダム。わたしも手伝って、テーブルの上のコーヒーカップをふたりで片付ける。

こうしてきょうも、パリで満ち足りた一日が過ぎていく――人びとが生き生きと素敵に暮らしているこの街で。

フランス貴族の家で過ごした半年間

2001年1月、わたしは交換留学生としてパリへ行き、フランス人の家庭にホームステイすることになった。気楽で快適なロサンゼルスを後にして、南カリフォルニア大学の仲間たちと一緒に（荷物をぎゅうぎゅうに詰め込んだ大型のスーツケースを2つも持って）飛行機に乗り込んだわたしは、人生を大きく変えることになる冒険に乗り出したのだった。

でも、もちろん、それは今だから言えることで、あのときわたしの頭にあったのは、「これから半年間パリで暮らす」ということだけ。そう、パリで！　世界でいちばんロマンティックな街で！

でも正直に言うと、そんなわくわくした気分も、心配ごとを思い出すたびにしぼんでしまった。わたしのフランス語は、大学の授業で1年半勉強しただけで、ほんの片言程度のレベルだった。それに、半年もの間、家族と離れて外国で暮らすなんて。ホームシックになったらどうしよう？ フランスのホストファミリーはどんな人たちだろう？ 仲よくなれるだろうか？ わたしのこと、気に入ってくれるだろうか？

けれどもパリに着いて数日後、ホストファミリーの家のフォーマルで格調高いダイニングルームで、天井まで届く大きな窓やアンティークの貴重な調度品に囲まれて、フルコースのディナーを味わっていたわたしは、この出会ったばかりの素敵な家族にすっかり夢中になっていた。

平日の水曜の夜なのに、家族揃っておしゃれをして、いちばん上等な食器で、マダムが腕によりをかけた素晴らしいごちそう（5皿のフルコース！）を楽しんでいる人たち。暮らしのなかの小さな楽しみに大きな喜びを見出す、〝アール・ド・ヴィーヴル〟（暮らしの芸術）の達人たち。家族の伝統を大切にして、日々の決まりごとや習慣をきちんと守っている人たち。まさかこのわたしが――ビーチサンダルとバーベキューに慣れ親しんだカリフォルニアガールが、パリの貴族の家で暮らすことになるなんて。

じつは、ムッシュー・シック（実名を伏せるため、そう呼ぶことにする）の一族は貴族の末裔《まつえい》だった。洗練された暮らしの伝統は、名高い先祖から受け継がれ、一族の人びとが何代にもわたって守ってきたものだった。

では、謎めいたマダム・シックとは、どんな女性なのだろうか？　マダムは母であり、妻でもあった。パートタイムの仕事を持ち、ボランティア活動もしていた。服装はとてもコンサバで、ジーンズなんて絶対に着ない。栗毛色《ブルネット》の髪は典型的なパリジェンヌのボブ。そんなマダムは、いつも自分の意見をしっかりと持っていた。親切でとても面倒見のよい人だけれど、（そのうちわかるとおり）率直で、ずけずけとものを言うこともあった。人生において何が重要かをよくわかっていて、何よりも家族を大切にしていた。

あの素晴らしい家庭を取り仕切っていたのは、マダムだった。おいしいごちそうもすべて手作り。日常のこまごまとした問題を片付けるのもマダムの役目だった。家のことはすべて、マダム・シックが舵取りをしていたのだ。

だからホームステイが始まったばかりのころは、フランスの家庭というのはどこもあんなふうに伝統的でかしこまった感じなのかと思っていた。ところがそんなとき、わたしは思いがけずマダム・ボヘミアンヌの一家（同じ留学生プログラムの受け入れ先家庭のひとつ）と知り合ったのだ。

マダム・ボヘミアンヌは、カーリーヘアのシングルマザーで楽観的な人生観を持つ女性。にぎやかなホームパーティーには、彼女の温かい人柄と魅力があふれていた。マダム・シックの一家とは対照的に、マダム・ボヘミアンヌの一家は気さくで、のんびりしていて、とっても陽気で、ボヘミアンっぽかった！　このふたつの家庭のライフスタイルは似ても似つかなかったけれど、どちらの家族も生き生きと素敵な毎日を送っていた。両方の家庭を見ることができたわたしは、とても恵まれていたと思う。

本書は、わたしのブログ「The Daily Connoisseur」（暮らしの達人）の連載記事「パリの暮らしで学んだ20の秘訣」が元になっている。ブログの読者の反響がとてもよかったので、マダム・シックとマダム・ボヘミアンヌの両方の家族から学んだことを、さらに詳しく書きとめて、本にまとめようと思ったのだ。

各章では、わたしがパリで学んだ暮らしの秘訣をひとつずつ紹介していく。その秘訣の多くは、ホームステイで半年間お世話になったあいだに、わたしのことをかわいがって面倒をみてくださったマダム・シックから直接学んだこと。いくつかの秘訣は、マダム・ボヘミアンヌから学んだ。そして、パリの街が教えてくれた秘訣もある。

当時大学生だったわたしには、パリにいるあいだに学びたいことが山ほどあったけれど、「人生の生き方」についてこれほど多くのことを学ぶだろうとは、思ってもみなかった。それは、本当の意味で「生きる」ということ。ただ存在しているだけじゃなくて、しなやかに、力強く生きていくということなのだ。

でも、その話はこれからゆっくりと……。

フランス人は 10着しか服を持たない 目次

Part 3 シックに暮らす

Lessons from Madame Chic

20 Stylish Secrets I Learned While Living in Paris

by

Jennifer L. Scott

Illustration
Annika Wester

Bookdesign
albireo

Part 1
食事とエクササイズ

Chapter 1 間食はシックじゃない

他人の家で生活するとなったら（しかも外国だったらなおさら）、心配なことはいろいろある。わたしが心配していたのは、間食のことだった。というのも、カリフォルニアでは、わたしは一日じゅうだらだらと間食をしていたから。クラッカーをつまんで、オレンジを食べて、しばらくしてクッキーを食べたら、こんどはヨーグルト……。ホストファミリーの家に行っても、うちにいるときみたいに、キッチンでおやつを探したりしても大丈夫だろうか？

　ホームステイの初日、夕食を終えて何時間かすると、案の定、わたしはお腹が空いてきてしまった。夕食はとてもおいしかったのだけれど、まだホストファミリーと会ったばかりで少し緊張していたのと、大学で1年半習っただけのフランス語で会話を続けるのに必死だったせいで、お腹がいっぱいになるまで食べられなかったのだ。キッチンにはまだ行っていなかったけれど、しょうがない、こっそり（パジャマのまま）行ってみよう、とわたしは決心した。

この家のキッチンは奥まった場所にあった。アパルトマンの裏手に位置し、長く薄暗い廊下の突き当たりにあって、どの部屋ともつながっていない。忍び足で廊下を歩いて行って、ちょっとだけのぞいてみるつもりだった。きっとフルーツを盛ったボウルとか、何かつまめるものがあるはず。

ところが、秘密のミッションを開始すべく、部屋のドア（これがまた、年代物で重厚な造り）をそっと開けたとたん、「ギィーーー！」と、ぎょっとするような音が鳴り響いた。すると、ガウンを着たマダムが廊下に姿を見せ、こちらへ歩いてきた。

「どうしたの？」

「あ、大丈夫です」わたしは答えた。「ちょっとお水を取りに行こうと思って」

「あらそう、わたしが持ってきてあげるわ」そう言って、マダムは行ってしまった。マダムがわたしのパジャマをやけにじろじろ見ていたのが気になったけれど（その話はあとの章でゆっくり）、とりあえず、困ったことにならなくてよかった。いや、ちっともよくなんかなかった。だって、おやつが食べたかったのに！

結局、その夜はお腹を空かせたままベッドにもぐりこんだのだが、何だか不思議な感覚だった。だけど、意外と悪くなかった。というか、新鮮な感じだった！　たぶんそれまで、わたしは本当にお腹が空いたことがなかったのだ。カリフォルニアでは、少しでもお腹が空いたらすぐに何か食べていたので、空腹感などあっという間に消えてしまっていた。というわけで、その夜、久しぶりに空腹感を味わったわたしは、あしたの朝食は何だろう、とベッドのなかでわくわくしながら想像したのだった。

それからしばらくして気づいたのだけど、じつは、フランス人はほとんど間食をしないのだ――もちろん、マダム・シックの一家も例外ではなかった。ホームステイの半年間、決まった食事の時間以外に誰かが間食をしているところなど、一度も見かけなかったくらいだ。家族全員がきちんとした食習慣を守り、ちょうどいい体重をキープして、バランスのよい食生活を送っていた。

朝、仕事に遅れそうになってリンゴをほおばり、コーヒーを持って家を飛び出していく――ムッシュー・シックに限って、そんなことはあり得なかった。一家は毎朝、同じ時間に朝食をとり（その朝食がまた素晴らしいのだ）、お昼はカフェなどでランチタイムを楽しみ、夕食にはふたたび家族でテーブルを囲んで、最低3皿のコース料理をいただく。

誰だって、毎日の食事がそれくらい楽しみだったら、せっかくの食事の前にクラッカーでお腹をふくらませたりするわけがない。

間食をしたくならないインテリア

アメリカのモダンなスタイルの家は、広々としたスペースにキッチンとダイニングとリビングが一続きになった「オープンキッチン」が主流。でも、パリの歴史あるアパルトマンでは、オープンキッチンはあまり見かけない。

マダム・シックの家では、キッチンへ行くのはけっこう面倒だ。キッチンはどの部屋ともつながっておらず（ダイニングルームとすらつながっていない）、長くて薄暗い廊下の奥にあって、その廊下にはたいてい洗濯物が下がっている。オープンキッチンのほうが温かい雰囲気で居心地もいいのに、と思う人もいるかもしれないけれど（「キッチンはその家のハート」なんて言うくらいだし）、オープンキッチンは誘惑が多いのも事実。リビングでやるべきことをさっさと片づけようと思っても、目の前にクッキーの瓶が置いてあったら、見えないフリをするのはすごく難しい。

いっぽう、マダム・シックのキッチンは実用一点張りだった。いま流行りのタイプのキッチンには、御影石《みかげいし》のカウンターがあって、ステンレス製の調理器具やエスプレッソメーカーまで並んでいるけれど、マダム・シックのキッチンはこぢんまりとして旧式だった。そもそも料理を作るための場所なのだから（と言っても、目をみはるほどのごちそうだけど）、それでじゅうぶん。朝食だけはキッチンでとるけれど、夕食は必ずダイニングルームでとる。

マダムの家のリビングルームは、とても格調高いお部屋だった。まちがってもおやつを食べながらだらだら過ごすような場所ではない。クッションの並んだ大きなソファもリクライニングチェアもなければ、薄型テレビの巨大スクリーンもなし。その部屋に置かれていたのは、アンティークの4脚のアームチェアだった。いちおう小型の古いテレビがあるけれど、ほとんど誰も見ないので、部屋の隅に置かれている。マダムの家のリビングルームは、会話やおもてなしや読書のための空間だった。あんなに格調高いお部屋でスナック菓子なんかほおばったりしたら、さぞかし場違いな感じがするにちがいない。

間食はシックじゃない。誰かがぼーっとテレビを観ながらおやつを食べているのを見たことがあるだろうか？　テレビの前に座って、プレッツェルの袋やアイスクリームの大きな容器を抱えて、味わいもせずにもぐもぐ食べているだけ。シャツの前にお菓子のくずをこぼしたり、アイロンをかけたばかりのスカートにアイスが垂れてシミを作ったり……。やっぱり、間食なんてシックとは真逆のこと。それだけでパリではアウトだ。

おやつを食べるなら体に良い物を

とはいえ、わたしもアメリカに戻ってからは、たまに間食をすることもあるけれど、体に良い物しか食べない。フランスで生活する前は、平気で駄菓子を食べたり、ポテトチップスやクラッカーを袋から食べたりしていたけれど、もうそういう物は絶対に食べないようにしている。おやつを食べるなら体に良い物に限る、と決めているから――たとえば、ギリシャヨーグルトにブルーベリーとか、トマトスープやフルーツなど。

以前はよく真夜中にスナック菓子を食べたりもしたけど、そういうのはきっぱりやめた。うちはまだ子どもたちが小さいので、夫もわたしも夕食の時間はかなり早めだけれど、わたしはもう食事の後に何か食べたいとは思わなくなった。バランスのとれた体に良い夕食をとって、デザートを少し食べれば、間食なんて要らなくなるみたいだ。

体に悪いスナック菓子は、とにかく買ってこないのがいちばん。スーパーのスナック菓子売り場にも近づかないようにしよう。あんな物は、すぐ手の届くところにさえ置いていなければ、そのうち食べたいと思わなくなる。妙にクセになるチーズ味が恋しくなったりなんかしないから、安心して。それどころか、「いったい何であんなまずい物がパクパク食べられたんだろう」と、あきれ返ってしまうはず。

食べながら歩くなんてあり得ない！

フランス人はものを食べながら歩いたりしない。ジャン＝ブノワ・ナドーとジュリー・バーローの共著『六千万人のフランス人が間違っているはずがない（Sixty Million Frenchmen Can't Be Wrong）』（未邦訳）に、こんなエピソードが出てくる。

著者のふたりがサンドウィッチを食べながら、アパルトマンの正面玄関を出て行ったところ、薄笑いを浮かべたドアマンに、「召し上がれ《ボナペティ》」と皮肉たっぷりにあいさつされたというのだ。フランスでものを食べながら歩いている人を見かけたら、まず観光客と思ってまちがいない。マダム・シックがそんなことをしている姿なんて、想像もできない——そんなのは、絶対にあり得ないことだから！

かく言うわたしも、以前は平気でものを食べながら歩いていたのだが、もうそんなはしたないマネはできない。つい先日も、ショッピングをしていたら急にお腹が空いてしまったので、大きなプレッツェルでもテイクアウトして買い物を続けながら食べようかとも思ったのだけど、「いけません」とマダム・シックににらまれているような気がして、そんな気は失せてしまった。結局、フードコートに行って、レディらしくきちんと座ってランチをとったのだった。

ものを食べるときは、食べることに意識を集中するべき。だって、食べるというのは自分の体内に食べものを取り込むことだから。それには洗練されて礼儀にかなったマナーが必要だ。地下鉄のなかでものを食べるなんて、マナー違反もいいところ。どうしても間食をしたいなら、時と場所をわきまえて、きちんとしたマナーを心がけよう。カフェに入って席に着いて、カプチーノとクロワッサンを楽しんではいかが?

お腹を空かせて夕食を心から楽しむ

多くの人はお腹が空かないように間食をする。でもわたしはフランスで暮らしているうちに、お腹が空くのはとてもよいことだと気づいた。死ぬほどお腹を空かせる必要はないけど、元気に動き回っていれば、自然と食欲が湧いてくる。

パリでのわたしの生活は、とにかく活動的だった。一日じゅう外に出ていて、街を歩き回ったり、授業に出たり、友だちに会ったり。おかげですっかり食欲旺盛になってしまった！　そんな驚くほどの食欲も、毎晩家に帰ってみんなで夕食をいただけば必ず満たされた。わたしはマダムが腕によりをかけた手料理を心ゆくまで味わって、思う存分楽しむことができた。

けれども、もし夕食前にクラッカーや甘いお菓子を食べたりしてお腹がふくれていたら、マダムのせっかくのごちそうも台なしだったにちがいない。何と言ってもマダムのディナーには、舌平目のブールブランソースに、新じゃがとインゲンの付け合わせ、デザートにはクレームキャラメル（カスタードプディング）が待っているのだ。どんなに腹ペコでも、最初にパンを食べ過ぎたりしないように注意しないと！

お腹が空いたような気がしても、実際は空腹ではないことも多い。1日3食バランスの取れた食事をとり、午後のおやつも食べていたら、おそらくお腹は減っていないはずだ。もしかしたら、たんに喉が渇いているのか、あるいは脱水症状が起きているのかもしれない。こんど間食をしたくなったら、大きなグラス一杯のお水にレモンを浮かべて飲んで、20分待ってみよう。たぶん、空腹感はおさまっているはず。

それとも、喉も渇いていないし、お腹が減っているはずもないのなら、ひょっとして退屈しているのでは？　手持ち無沙汰で、つい間食してしまった経験のある人も多いはず。そんなときは本を読んだり、散歩に出て外の空気を吸ったり、ピアノを弾いたり、何か楽しいことをやってみるのが効果的。

あとは、テレビの前で間食をしないように注意すること（アメフトのスーパーボウルの試合のときだけは、仕方ないかもしれないけれど！）。

きちんとした食事がいちばん大事

けれども、いくら間食をしないようにがんばっても、1日3食バランスの取れた食事をとっていなければ、まったく意味がない。ひょっとして、あなたは献立を考えるのが苦手だろうか？　次の食事はいったいどうしようかと、いつも頭を悩ませている？　食事のことなんて、考えるのも面倒だろうか？　もしそうだとしたら、間食のせいで食事がいい加減になってしまっているのかもしれない。

マダム・シックの家では、食事は最も大事なことで、まるで儀式みたいに楽しんでいた。「何にもないからピザでも注文しましょう」なんてことは、ただの一度もなかった。夕食を作るにはもう遅いからと、夜の九時に流し台の前に突っ立ったままシリアルを食べるなんて、もちろん論外！（でも誰にだってあるでしょう、そんなこと——わたしだけじゃないはず！）

マダム・シックには数々の得意料理のレシピがあって、それらの料理を繰り返し作っていた。パントリーには、ごちそうを作るための材料がいつでも揃っていた。豪華なキャセロール（オーブン料理）や手の込んだお料理のない日には、シャルキュトリー（食肉加工品やお総菜を売る店）で買ってきたおいしそうなハムやサラミが並び、サラダもあった。そんな夜でも、夕食はいつもと変わらず大事な儀式で、何種類ものハムやサラミの載ったトレーが、極上のごちそうみたいにうやうやしく回されるのだった。

マダムの家では毎日、本物の食べ物を味わっていた（バターもお砂糖も本物だけ。カロリーオフの調味料なんて使わない）。一家の食事は豊かで、栄養たっぷりで、とても伝統的なフランス料理だった。

Le Recap まとめ

*毎日きちんとした食事をして、スナック菓子など食べたくならないようにする。

*間食のしにくいインテリアにする。見た目の美しさが最優先で、居心地のよさは二の次（横になりたいときは、ベッドへ）。

*どうしても間食をしたいときは、体に良い食べ物を選んで。でも、習慣にしてはダメ。

*歩きながら、あるいは運転中や立ったままで、ものを食べないこと。移動中は絶対にものを食べない。

*健康的な食欲を促すために、少しお腹を空かせること。

*こまめに水を飲んで、水分を補給する。

*バランスの取れた食事作りを大切に。食材は豊富に取り揃えておく。

*そして、くれぐれもお忘れなく——だらだらと間食するのはシックじゃない！

食べる喜びを我慢しない

わたしはパリのマダム・シックの家で暮らしていたときほど、ちゃんとした食生活を送り、毎日の食事をあんなにおいしいと思ったことはなかった。この家の人たちは、誰もがうらやましくなるような素晴らしい食生活を送っていたのだ。

朝食にはトーストしたバゲットに本物のバターと自家製のジャム、それに何品かの料理が並ぶ。昼食は外でとるか、家で前の晩の残り物をいただくこともあった。マダム・シックが女性の友人たちをお昼に招くこともあり、そんなときにはお魚料理と温野菜に軽めのソース、もしくはキッシュとサラダなどの軽食を用意する。

夕食は毎晩、少なくとも3皿のコース料理。たとえば平日の夜なら、ポロネギのポタージュ、ローストチキン、付け合わせはチコリーの蒸し煮と新じゃが、そしてサラダ。デザートにイチゴのタルトをいただき、チーズで終わる。マダムが作るのはほとんどフランス料理で、外国料理はあまり作ろうとしなかった。動物性タンパク質（おもに鶏肉、卵、魚、牛肉）と野菜と濃厚なソースがお決まりの組み合わせ。デザートはもちろん、チーズも毎晩出てきた。

アメリカ人で、しかも南カリフォルニア育ちのわたしとしては、毎日こんな太りそうな食事をしていて大丈夫かな、と最初はちょっぴり不安だった。フランスにいるあいだに、太ってしまったらどうしよう？　留学を終えて帰国するときには、シックでミステリアスに変身して、友だちや家族のみんなを驚かせたいのに——髪型はサブリナ風にしたりして。なのに、でっぷりとしたお腹周りにびっくりされるなんて、冗談じゃなかった。

けれども、あらためてホストファミリーを観察してみると、ムッシューもマダムも息子さんもすこぶる健康で、太りすぎの人なんて誰もいない。まさに、かの有名な〝フレンチ・パラドクス〟（フランス人は乳脂肪消費量が多いのに心臓病死亡率や肥満度が低いことを指す）を体現していた。うーん。みんなが太らないなら、わたしだって太らないのでは？

そして実際、太らなかったのだ。フランスでの生活によって、食べ物ときちんとした食事に関するわたしの認識はすっかり改まった。そのおかげで留学中に太らなかっただけでなく、アメリカに戻ってからも、そして子どもを産んだあとでさえ、理想体重をキープすることができた。

「食べる喜びを我慢しない」というのには、いろんな意味がある。カロリーの高いものやこってりとしたもの、デザートや甘いお菓子などを、ムリに我慢する必要はないし、素敵なごちそうを我慢することもない——心から味わっていただく食事は、体にも心にも栄養を与えてくれるのだから。

きちんとした食生活を送って、健康な体を保ち、食べる喜びをムリに我慢しないためにはどうすればよいか、わたしが学んだコツやアイデアを紹介したい。

情熱をもって食べる

おいしく食べて栄養をとりたいと思うなら、食に対する姿勢はとても重要。マダム・シックの一家は、食に対する姿勢がとても健全でポジティブだった。朝食には必ず自家製のジャムが出てくるのだけど、マダムはいつもうきうきした声で「イチゴがいい？それともマーマレード？」と訊いてくれた。

家族そろって夕食のテーブルを囲むときには、食べている料理や食材のことがあれこれ楽しい話題になった。

「このワイン、あの地方のワインだって知ってた？」

「このソースの決め手はヘビークリーム（乳脂肪30％〜40％のクリーム）よ！」

「このタルトのアプリコットはとってもジューシーだね」

「そうね、このタルトは近いうちにまた作りましょう」

毎晩、シンプルなお皿に載ったチーズが出てくると、ムッシュー・シックは必ずわたしのほうを向いてカマンベールを一切れすすめ、「チーズの王様だよ」と言うのだった。ところがアメリカでは、多くの人はごちそうを目の前にするとうめき声をあげる。そして、こんなことを言うのだ。

「クリームがたっぷり入っていそう！　明日はジムに行かなくちゃ！」

「ねえ、この料理、いったい何カロリーあると思う？」

フランスでは、ホストファミリーのほかにもいろいろな人たちと食事をしたけれど、食べるときにカロリーを気にして、太りそうだなんて心配していた人はひとりもいなかった。聞こえてきたのは、自分たちが食べている料理について、素直な感想を熱心に語り合っている会話だけだった。

食に対する姿勢がポジティブならば太らないわけではないが、そういうポジティブな姿勢こそ、健康的な食べ方をして、良い食生活を送るための基本でもある。「スタイルが悪くなるから、あれもダメ、これもダメ」と我慢ばかりしていると、かえってその反動でこってりしたものを食べ過ぎてしまったりする。あるいは、「明日ジムに行って運動すればいいや」なんて思ってしまうと、ついおかわりをしたり、いつもより食べ過ぎたりしてしまう。でも、食べることを楽しみつつ、適量を味わっていただけば、それほど心配することはない。

ムッシュー・シックがカマンベールを「チーズの王様《ロワ・ド・フロマージュ》」と呼ぶとき、彼はいつも熱心に、茶目っ気たっぷりにそう言った。ムッシューが夕食のたびにカマンベールを王様扱いするのは愉快だったし、本当に素晴らしいチーズだと思っているのが伝わってきた。

誰かが最近そんなふうに、余計な心配なんかしないで、食べ物のことを熱心に語っているのを聞いたことはあるだろうか？　ムッシュー・シックなら絶対にこんなことは言わないだろう――「カマンベールはチーズの王様！　でも残念ながら、これでますますぜい肉がついちゃうな」。

そんなつまらないことを言って、せっかくの楽しみを台なしにしてしまうなんて、もったいない。だったら余計なことは言わないか、食べないほうがましだ。

最後にもうひとつ言っておくと、食事のときに「あれもダメ、これも食べられない」なんて言い張るのは、シックじゃない。

味わうことに集中する

一度に二つのことをすれば、どちらもしくじることになる。

——プブリリウス・シュルス（古代ローマの喜劇作家）

これはわたしの好きな格言のひとつ。「欲張って一度にあれこれやってはいけない」という戒めの言葉だけれど、もちろん、食べることにも当てはまる。パリで暮らす以前のわたしは、よくキッチンのカウンターの前に突っ立って、携帯電話を肩と耳のあいだに挟んだまま、いい加減な食事をしていた。もっとひどいときは、テレビを観ながら。いつの間にか食べ終わっても、食べた気がしなかったくらいだ。

マダム・シックの一家は、食事中にほかのことに気を散らしたりしなかった。あの家の人が立ったままものを食べている姿なんて、一度も見たことがない。彼らはいつも姿勢よく座り、ひざの上にナプキンを広げ、ナイフとフォークを持って、上品に会話を交わしていた。朝食のときだってそうなのだ！

珍味《デリカシー》のテクニック

珍味《デリカシー》というのは、カエルの脚のような風変わりな食材や、黒トリュフのような高級食材のこと（両方とも、わたしの好物）。めずらしいごちそうと言ってもいいかもしれない。

わたしは、自分が食べることにちゃんと集中していないと感じたときには、「珍味《デリカシー》のテクニック」と名付けた方法を使うことにしている。

もしあなたの目の前に珍味が出てきたら、どんなふうに食べるだろうか？　まさかｉＰｈｏｎｅをチェックしながら、口一杯にほおばったりしないだろう。きっと「わあ」と感嘆の声を上げて、食事の相手とにっこりほほえみ合ってしまうはず。ひざの上に布のナプキンを広げ、おもむろにナイフとフォークを取り上げたら、いよいよ最初の一口。あなたは料理をそっと口へ運び、うっとりと味わうだろう。相手と感想を言い合いながら、心ゆくまで味わうにちがいない。

何でもそんなふうに味わって食べたらどうなるか、想像してみよう。どんなときでも食事の時間を大切にしようと心がけたら、どうなるだろうか。もっと体に良い食事を味わって食べようという意識が高くなるはずだ。食に対する姿勢もたちまち健全になる。そうすると、体によく注意を向けるようになって、お腹がいっぱいになったらちゃんと気がつくようになるので、食べる量も自然と減っていくのだ。

ビュッフェでお皿に何をとるか？

夫とわたしは、この前の年末年始の休暇をカリブ海のバルバドス島で過ごした。泊まったのは海辺のこぢんまりとした高級ホテルで、宿泊客はほんの数組のカップルや家族だけ。

そのなかにわたしがとくに興味をもって観察したフランス人のカップルがいた。彼らがフランス人であることは、たとえフランス語をひと言もしゃべらなかったとしてもわかったはずだ。女性はいつもきちんとした服装をしていたけれど、派手な感じはしなかった。周りの様子には無関心で、いつも連れの男性と映画や政治やアートの話に熱中していた（思わず聞き耳を立ててしまったのだ）。でもいちばん印象的だったのは、その女性の食に対する姿勢だった。

そのホテルでは、毎朝、豪華なビュッフェスタイルの朝食が無料で用意されていた。パンケーキに、ベーコン、スクランブルエッグ、ベークドビーンズ、ハッシュブラウンポテト、ベーグル、クリームチーズなど、朝食に欲しいものは何でも取り揃えられていた。困ったことにわたしはビュッフェとなるとつい欲張ってしまう。どの料理がおいしいかわからないから、とりあえず全部食べたくなってしまうのだ。

ところが、例のフランス人女性が毎朝食べていたのは、大きなボウル一杯のフルーツとプレーンヨーグルトとコーヒーだけ。ほかにもおいしそうなものがずらりと並んでいるのに、見向きもしないのだ！　最初、そんな彼女の様子を見ていたわたしは、たぶんフルーツは前菜で、そのうち席を立ってパンケーキかスクランブルエッグでも取りに行くにちがいないと思っていた。しかし、とうとう一度もそんなことはなかった。彼女はおいしそうな料理には目もくれず、フルーツを食べながら相手の男性と楽しそうに話していた。

毎朝、ビュッフェにあれだけごちそうが並んでいても、平気で知らん顔ができるのは、日頃からよほど健康的な食生活を心がけているからにちがいない。

いっぽう、わたしときたらそのフランス人女性とは大ちがいで、毎朝たっぷり食べていた。「わあ、どれもおいしそう！　家ではこんなわけにいかないんだから、全部食べてみなくちゃ！」と思って。

どうもわたしは旅に出ると、やたらと食いしん坊になってしまうのだけれど、あのフランス人女性にはそんな問題はまったくなさそうだった。たぶん彼女は、ビュッフェで食べていたのと同じものを、フランスでもいつも食べているにちがいない。旅先だからといって、いつもの朝とちがうことをする理由なんて見つからないのだろう。フルーツとヨーグルトをおいしそうに食べていたし、よりどりみどりのごちそうをムリして我慢しているようにも見えなかった。そんな彼女の節度ある食べ方を見て、わたしは大いに考えさせられてしまった。

盛りつけの重要性

料理を味わうためにも、食べ過ぎを防ぐためにも、盛りつけはとても重要。料理の盛りつけが美しいと、いっきに食べてしまうのはもったいなくて、目でも味わいながらゆっくりといただきたくなるはず。でもじつは、パリで暮らす以前のわたしは、料理の盛りつけなんてほとんど気にしていなかった。それがある日、すっかり変わったのだ。

ある日の夕方、マダム・シックとわたしはキッチンに立っていた。ふたりで料理をしていると、窓からパリの街のやさしいそよ風がそっと入ってきた。わたしたちはデザートのイチゴのタルトを作っていた。マダムがタルト生地を作っているあいだに、わたしはイチゴのヘタを取ってカットした。それからマダムが麺棒で伸ばしたタルト生地を、何年も使い込んだタルト型の上に広げ、ふたりで敷きこんだ。タルト生地が焼き上がって熱が冷めると、「そこへイチゴを並べてちょうだい」とマダムに指示された。わたしははりきって、タルト生地の上にどさっとイチゴを盛り、ちょこっと向きを直すと、次の指示を求めてマダムの顔を見た。

すると、待ち受けていたのは次の指示ではなく、マダムのぎょっとした顔だった。

「ジェニファー」マダムは言った。「ダメ《ノン》よ！　イチゴは向きをそろえてきれいな円を描くように並べるの。丁寧にね！」

「え」わたしはタルトに目をやった。イチゴが無造作に並んでいる。これはこれでわたしには素敵に見えた――芸術的と思ってくれる人もいそうだけど。

マダムはわたしに手本を示そうと、タルト生地《パート・シュクレ》の外側から中心へ向かって円を描くようにイチゴを並べていった。最後のほうはわたしが並べ、真ん中にはふたりで選んだいちばんきれいなイチゴを置いた。そして最後に、仕上げのシロップを塗った。完成したタルトをほれぼれと眺めて、マダム・シックが言った。「これで完璧ね」

あの日、マダム・シックと一緒にイチゴのタルトを作ったことは、わたしにとって忘れられない経験になった。ささやかなことでも心をこめて行えば、毎日が素敵になると気づいたから。あの美しい小さなイチゴのタルトは、パーティー用でもなければ、来客用でもなかった。マダムが家族のために――ムッシューと息子さんとわたしのために――平日の夜に作ってくれたものだった。

毎日、自分と家族のために、盛りつけにもこだわって料理を作れば、食事の時間を大切にしよう、体に良い物を味わって食べよう、という意識が高くなる。それに、心をこめた料理からは、かけがえのない家族と食卓の喜びを存分に味わいたい、というあなたの思いがきっと伝わるはずだ。

朝食の前に着替える

フランスでは、朝食《プティ・デジュネ》はとても重要。カリフォルニア育ちのわたしも、朝食が大事なことはわかっていたけれど、腹ごしらえができればいいと思っていた。だから朝食と言っても、ボウル1杯のシリアルかトースト1枚でおしまい。ところが、パリに来てみると、まったく事情がちがっていた。

ムッシュー・シックは毎朝とても早起きで、わたしが起きるころにはとっくに出勤していた。ムッシューは5時45分に起きて朝食をとり、6時半には家を出る。マダム・シックは先に起きて、ムッシューが起きてくる前に朝食を用意しておく。そしてご想像のとおり、この家の朝食はトースト1枚にコーヒーなんて簡単なものではなかった。

それはホームステイの最初の朝にわかった。前の晩、久しぶりに空腹を味わったわたしは朝食が待ちきれず、パジャマのまま（シャワーを浴びて、着替えてから朝食をとるべきか迷ったのだけど）、おずおずとキッチンへ向かった。ラジオの歌声が静かに流れ、食器の音がかすかに聞こえてくる。ムッシューのために朝食を用意したときには、パジャマの上にガウンを着ていたマダム・シックも、そのころには着替えと身じたくをすませていた（やっぱり、朝食の前に着替えておくべきだったのだ）。「ずいぶんお寝坊さんなのね」とマダムに言われたので、時計を見ると、まだ7時半だった。「この時間で寝坊だなんて！」と内心びっくりしてしまった。

マダム・シックが案内してくれたキッチンの小さなテーブルには、おいしそうなものがずらりと並んでいた。「コーヒーと紅茶はどちらがいい？」とマダムに訊かれたので、「朝は紅茶がいいです」と答えた。すると、マダムは湯気の立つ熱い紅茶を朝食用のボウルに注いだ。そう、あなたの読み間違いではなく、「ボウル」に。

面食らったわたしは、一瞬、自分の頭がおかしくなったのか、時差ボケでどうかしているのか、と思ったくらいだった。それともティーカップの数が足りないだけ？　けれども、翌朝もまた同じだった。つまり、この家では朝の紅茶はボウルで飲むのだ。そしてじつは、それはこの家だけではなかった。どうやらフランスでは、朝の飲み物はボウルで飲むのが普通らしい。

毎朝決まってボウルに注がれる紅茶のほかに、いつも朝食のテーブルに並んでいたのは次の品々だ。

＊新鮮なフルーツ

＊フロマージュブラン（濃厚でおいしいフレッシュチーズで、ヨーグルトのようなやわ

らかさ。少し砂糖をかけて食べてもよい)

＊夕べの残りのタルト(リンゴ、アプリコット、イチゴなど。マダム・シックの手作り)

＊タルティーヌ(焼いたバゲットにジャムを塗ったもの。もちろんジャムも自家製で、イチゴ、ブラックベリー、オレンジのマーマレードがマダムのお気に入り)など

毎朝、マダム・シックはこれらの品々をきれいにテーブルに並べる。朝食をとるのはダイニングルームではなくキッチンだったけれど、布のナプキンをひざに広げて、きちんとしたマナーで食事をして、1日の始まりに英気を養った。

ラジオの音が心地よく流れ、香ばしいパンの匂いや、甘いジャムの香りや、紅茶の香りが漂う――そんな素敵な毎朝が、わたしはとても楽しみになった。最高のスタートで1日を始めると、どんな冒険にでも飛び出して行けそうな気がした。

Le Recap まとめ

＊食に対して、ポジティブな姿勢で向き合おう。
＊おいしいものに対する情熱を育み、楽しく語り合おう。
＊食事をするときは、気を散らさずに味わって食べる。
＊「珍味《デリカシー》のテクニック」を使って、どんなときも特別な食事のように味わっていただく。
＊いつも思わず食欲をそそられるような盛りつけを心がける。
＊旅先でもビュッフェでも、節度をもって、食べ過ぎないように気をつける(長い目でみれば、そのほうが自分のため)。
＊いつも体に良い物を食べるように心がける。
＊何よりも、食事を楽しむこと！ 食事の時間は人生のなかで大きな割合を占めている。だから、おおいに楽しもう――心から楽しんで、喜びを感じながら、味わっていただこう。

Chapter 3

面倒がらずに体を動かす

初めてマダム・ボヘミアンヌの家を訪ねたとき、わたしは思いがけないことにびっくりした。マダム・ボヘミアンヌは、カリフォルニアから同じ留学生プログラムでパリに来ていた、わたしのボーイフレンドのホストマザーだった。彼からは、マダムはとにかく素敵なひとで、ふたりの息子さんたちともすごく仲よくなったと聞いていた。みんながわたしに会いたいと言って、ディナーに招待してくれたのだ。

わたしはパリの16区から地下鉄に乗って11区で降りた（1時間近くかかる）。それから石畳の急な坂道をいくつものぼって、ようやく彼らのアパルトマンの前に到着したときには、すっかり息が上がっていた。ところが、大変なのはこれからだった。マダム・ボヘミアンヌの家はずっと上の階なのだ……しかも、この建物にはエレベーターがない。

でも、こうなったら仕方がない。わたしは覚悟を決めて、階段を上り始めた。やっとの思いで目指す階にたどり着いたときには、もうクタクタになっていた。息切れが激しいうえに、汗びっしょり（寒かったので、冬用の厚手のコートを着ていたのだ）。わたしはただ呆然としてしまった。エレベーターもないのに、こんなに上の階で暮らしているなんて、すごすぎる。

買い物から帰ってきたら、どうやって重たい袋を上まで運ぶの？　引っ越して来たときはどうしたんだろう？　これじゃ出て行くときだって大変にちがいない。マダム・ボヘミアンヌも息子さんたちも、毎日こんな階段を上り下りしているんだろうか——1日に何回も、外から帰ってくるたびに？

もちろん、そうだった。そんなことは彼らにとっては何でもないらしい。エレベーターがないことにわたしが驚いたのを知って、面白がっていたくらいだから。

パリで暮らすようになって初めて気がついたのは、自分がふだんいかに体を動かしていなかったか、ということだった。フランスに来るまえは、エレベーターがあったら（アメリカの場合、ほとんどある）、いくつも上の階まで階段を上ることなんて絶対になかった。

パリで暮らしていると、どうしたって活動的になる——日常生活で自然と体を動かすからだ。マダム・ボヘミアンヌの一家は、毎日あのすごい階段を平気で上り下りしていて、健康そのものだった。そのうえマダム・ボヘミアンヌは、仕事や用事で出かけるときも、友人の家に遊びに行くときも、とにかくよく街じゅうを歩き回っていた。たしか車も1台あったはずだけど、ほとんど使っていないようだった。

そういえば、マダム・シックの家にも車は1台しかなかった。その車を使うのは、ブルターニュの別荘に行くときか、息子さんがたまに夜遊びに出かけるときくらいだった。

エクササイズは毎日の買い物で

マダム・シックは毎日の買い物にショッピングカートを持っていき、いろんなお店に立ち寄っては買った物をそこへ入れていく。マダムはその日に必要なものしか買わなかった。そして、大きなスーパーで何もかも買うより、地元のパティスリー（焼き菓子・ケーキを売る店）やシャルキュトリー（ハムやパテを売る店）やブーランジェリー（パン屋）など、専門店で買い物をするほうが好きだった。スーパーよりも専門店のほうがずっと質の良い品物が手に入るし、1カ所で買い物をすませるよりもいい運動になるからだ。

ある日、午前中の授業が休講になったので、わたしはマダムの買い物について行くことにした。とても寒い朝で、震え上がってしまうほど冷たい風が吹いていた（大げさに聞こえるかもしれないけれど、なにしろ南カリフォルニアの出身なので、本当に寒かったのだ！）。

マダム・シックとわたしはしっかりと着込んで、専門店の立ち並ぶ16区の大通りを歩いていった。マダムは赤いキャンヴァス地の小さなショッピングカートを器用に操りながら、あちこちのお店に立ち寄っていく。わたしはその一歩あとからくっついて行った。

この手の小さなお店には、ちゃんとしたお会計のシステムがない。つまり、レジの前にお客さんが並ばないのだ。地元のフランス人は、注文や会計のために並んだりはしない。それぞれ勝手に店員に近づき、「ボンジュール！」と元気にあいさつしてから注文するのだ（どうしてフランスでは誰も並ぼうとしないのか、わたしにはいまだに理解できない。ちゃんと並んでくれないとイライラしちゃうんだけど！　順番を守る気がないのだろうか？　まったく、めちゃくちゃもいいところだ。まあ、そう言っても仕方ないのだけれど……）。

その日の買い物で何を買ったのか、じつはあまり覚えていない。とにかくわたしは寒くて、疲れ切ってしまったのだ。バゲット、骨付きの仔牛肉、フルーツ――たぶんそんなところだろうか。マダム・シックが毎日のようにこんなことをしているなんて、わたしには信じられなかった。カリフォルニアでは、週に1回、車でスーパーに行ってまとめ買いをすればよかった。それでも、重たい荷物を車から降ろして玄関のドアまで運ぶのが面倒だったほどだ。カリフォルニアでは、少しでも天気が悪くなりそうなときは、外出の予定など全部キャンセルして、暖炉のそばでのんびりするのが当たり前なのだ。

わたしがそんな話をすると、マダムは笑って言った。「外の空気を吸うのはいいことよ、ジェニファー――怠け者になってはいけないわ!」マダムの声がいまでも聞こえてきそうだ。

フランス人はジムに通わない

たしかに、怠け者になってはいけない。パリで暮らすまで、自分のことを怠け者だとは思っていなかったけれど、考えてみればみるほど、以前の生活がどんなに運動不足だったかよくわかった。

パリでは、わたしは毎日地下鉄で通学していた。16区は街の端にあるので、1時間近くかかる。地下鉄の駅から学校までは歩きだった。授業のあとは、たいてい友だちとパリの街へ繰り出した。みんなで美術館に行ったり、面白そうなカフェをのぞいたり、セーヌ川の河岸を散歩したり。パリの街を訪れた観光客がいかにもやりそうな（そしてとっても楽しい）ことは、すべてやり尽くした。ときにはいつの間にか、パリの街の端から端まで歩いてしまったこともあった。

けれどもカリフォルニアでは、歩いて出かけることはめったになかった。ロサンゼルスはだだっ広くて、歩いて回れるような街ではないし、パリのメトロのように便利な公共の交通機関もない。でも、そのせいばかりにはできないけれど――歩いて行けるような近場だって、車で行っていたから。わたしは、運動はジムでするものだと思っていた。車ならすぐに着くのに、わざわざ歩いたり走ったりして貴重な時間をムダにするなんて考えられなかった。運動不足が気になったら、次の日にでもジムに行って、キックボクシングで解消すればいい、と思っていたのだ。

そういえば、キックボクシングで思い出したけれど、マダム・シックの家でも、マダム・ボヘミアンヌの家でも、ジムに通っている人は誰もいなかった。フィットネスについての考え方が、アメリカ人とはちがうのだ。彼らは家の掃除をしたり、車を使わずに歩いたり、階段を使ったり、歩いて用事を済ませたりして体を動かしている。

だからと言って、ジム通いが悪いわけではない。もしあなたがジムに行くのが大好きなら（そういう奇特な人種もたしかにいる）、どんどん行ったほうがいい。でも、ジムに行くのをサボってばかりで、後ろめたい気持ちになってしまうようなら、ジム通いには向いていないのかも。

自分の体つきに満足する

もしマダム・シックやマダム・ボヘミアンヌが自分の体つきにコンプレックスを持っていたとしても、わたしにはわからなかっただろう。アメリカ人は男性も女性も、「自分の体のここが嫌い」とか、「太っていてイヤになる」などとよく不満を口にするけれど、マダムたちはそういう愚痴を一切言わなかったから。フランス人は食べることに対して前向きであるように、自分の体型やフィットネスについても前向きに考えるのだ。

マダム・シックの一家もマダム・ボヘミアンヌの一家も、彼らの友人たちも、みんな活動的な生活を送るように心がけていた。それと言うのも、毎日安心しておいしいものを食べて楽しく暮らしたいからだ。

それでもマダムたちは、わたしのロサンゼルスの友人たちのように、理想の体型をキープしようと必死でがんばったりはしなかった。マダム・シックは、ほっそりとやせてはいなかった。5人の子どものいるマダムは、ふっくらとした女性らしい体型をしていた。でも、けっして太ってはいない――丸みのある体つきで、本人もそれを気に入っていた。いっぽう、マダム・ボヘミアンヌはとてもほっそりしているが（子どもはふたりいる）、生まれつきのやせ型だった。

どちらのマダムも自分の体型を気に入っていた。マダム・シックはガリガリにやせたいなんて絶対に思わないだろう。丸みのない体つきなんて、まっぴらのはず。それとは逆に、マダム・ボヘミアンヌは、ふっくらしたいなんて夢にも思わないだろう。彼女はスリムでボーイッシュな体つきをとても気に入っていたから。ふたりとも自分の体つきに満足して、自分らしさを大切にしていた。

パリジェンヌのように暮らすテクニック

誰もがパリに住んだり、フランス人になったりできるわけではないので、どこに住んでいても、日常生活で手軽にエクササイズができる方法を、いくつかご紹介したい。

①毎日体を動かすチャレンジ目標を設定する

このチャレンジ目標は、あなたのニーズやライフスタイルに合わせて設定する。

パリから戻って数年後、わたしはサンタモニカの友人、アンジャリのアパートメントで一緒に暮らすことになった。彼女の部屋は3階で、エレベーターもあったけれど、わたしはマダム・ボヘミアンヌを見習って、階段を使うことにした。買い物袋など荷物を持っていても、ほとんどいつも階段を使った。それを自分のチャレンジ目標にしたのだ。たぶん、少なくとも1日に4回は階段を上り下りしていたはず。それを1年間、365日続けたら……もうおわかりだろう。毎日、階段を何往復もしたおかげで、わたしの脚やヒップは引き締まって、気分も爽快だった。おまけに、荷物を持って上り下りすれば、腕も鍛えることができた！

フランス映画『もし彼だったら（*Si c'était lui …*）』（日本未公開）では、女優のキャロル・ブーケが、成功して何もかも手に入れた今どきの女性を演じている。小さい息子とふたりでパリの素晴らしいアパルトマンに住み、ボーイフレンドは彼女にベタ惚れ。そんな彼女はアパルトマンの階段をゆっくり上ったりしない。いっきに軽快に駆け上がって、最後の数段は必ず上り下りを繰り返すのだ。あれはきっと、引き締まったヒップを維持するためにちがいない。

現在、わたしは夫とふたりの娘と犬と一緒に、4階建てのメゾネットタイプの家に住んでいる。以前のように3階の部屋まで毎日階段を上り下りする必要がなくなったので、いまの住環境に合わせた新しいチャレンジ目標を作ることにした。運動不足だな、と感じたら、家の階段を1階から4階まで10往復するのだ。これはもうすっかり習慣になってしまい、うちのチワワのギャッツビーも喜んで追いかけてくる。誰か見ていたら、さぞかし面白い光景にちがいない。

こんなふうに、わたしは自分なりのチャレンジ目標を決めて実行している。こういうエクササイズのいちばんのメリット? お金がかからないし、元気いっぱいになれることかな!

②住んでいる街を探索する

冒険に出かけるつもりで、好奇心いっぱいに、自分の住んでいる街を歩いてみるのがコツ。パリのような大都市に住んでいたら、自宅の界隈を歩くだけでもわくわくするに決まっているけれど、大都市に住んでいない人はどうすればいいのだろうか?

パリでの留学生活を終えて、カリフォルニアへ戻ってきたわたしはすっかり落胆してしまった。パリは本当に美しい街だった――行ってみたいところがいくらでもあった。それに比べて、ロサンゼルスでこれから住むところなんて……。わたしはその街のことをよく知りもしないうちから、つまらないところだと勝手に決めつけてしまったのだ。

やがて長女が生まれると、わたしはパリのマダム・シックを見習って、歩いて用事を済ませることにした。サンタモニカの自宅の界隈を歩き回ってみると、予想外にうれしい収穫がたくさんあった。歩いていなければきっと気がつかなかったはずのこぢんまりとしたお店をいくつも見つけて、通うようになった。大きな食料品店もあれば、めずらしい野菜や果物やお肉を売っている小さなエスニックのお店が何軒もあったし、ベーカリーも見つかった！

自分の足であちこち歩き回ってみなかったら、こういう地元の素敵なお店はきっと見つからなかったにちがいない。どのお店も近いから、1日おきくらいに顔を出している。おかげで、以前よりも新鮮な食材を使って料理ができるようになったし、体を動かす量も増えた。しかも、近所に知り合いがたくさんできて、地域のつながりを強く感じるようになった。

③ひまなときも活動的に過ごす

パリにいたころは、ひまなときも活動的に過ごしていて、あまりじっとしていることがなかった。マダム・シックの家にはソファもなく、間食をする習慣もなかったので、ひまだからと言って、寝転がってテレビを観たり、ポテトチップスを食べたりするわけにはいかなかったのだ。だから息抜きには、セーヌ川のほとりを歩いたり、美術館やカフェに出かけたりした。いつも冒険に飛び出して、街を探検していたのだ。

体をよく動かしていたから、体調もよかった——当時はそんなことは意識していなかったけれど。ひまなときも活動的に過ごしていると、だんだんそれが当たり前になって、いつも活動的に過ごしていないと気がすまなくなる。散歩に行く時間や、近くのカフェで読書をしたり人に会ったりする時間がないと、物足りない気分になってしまうはずだ。

④家事をエクササイズにする

マダム・シックもマダム・ボヘミアンヌも、経済的な余裕はあってもプロに掃除を頼んだりせず、すべての家事を自分でこなしていた。ぜひ見習うべきだなんて言うつもりはないけれど（余裕があれば、プロに任せるのもいいと思う）、たくさんの家事を自分でこなせば、健康な体を維持できることはまちがいない。日常生活で体を動かすには、家事はまさにうってつけの方法だ。ほとんどの人は、やはりある程度は家事をしないわけにはいかないだろう。どうせなら、それを利用しない手はないのでは？

ふつうなら同時にいくつものことをするのはよくないと思うけれど、掃除をしながら体を動かすのはとってもおすすめ。家を掃除するだけでもカロリーの消費になるけれど、さらにちょっとした動きを加えることで、体をしなやかに保つことができる。たとえば、掃除機をかけながらフェンシングの「突き」のポーズを繰り返したり、椅子の脚を拭きながらスクワットをしたり。そんな簡単なフィットネス法を日々の掃除に取り入れてみよう。

家がいつでもきちんと片付いて見えるように、毎日「スピード掃除」をするのもいい。制限時間は10分など、自分なりに設定する。やる気の出る音楽をかけて、本気でやってみよう。心拍数が上がってしまうくらい、ごしごし汚れを落として、家具を動かして、モップをかけて、雑巾《ぞうきん》をかけて、散らかっているものを片付けて——やるべきことをどんどんやっていく。そうすればカロリーも消費して、部屋もきれいになって、まさに一石二鳥だ！

床磨きのように面倒なことをするときは、自分にとって何かプラスになるような工夫をしてみよう。まっさきに思い浮かぶのは、お気に入りの映画『アメリ』だ。アメリのお母さんはスリッパを履いて雑巾を踏み、滑るように床を磨いていく。楽しそうに、きびきびと元気に床磨きをしながら、同時に脚を鍛えて、ヒップを引き締めているのだ。

やはり、ただ掃除をしながら体を動かそうと思っても、あまりわくわくしないはず。だから、できるだけ楽しくなる工夫をして、続けてみたくなるようにしよう。お気に入りのゴム手袋やエプロンを着けて（これは女性だけではなく、男性にもおすすめ。エルキュール・ポワロも、ジェームズ・ボンドも、わたしの父も、おしゃれな男性たちは堂々とエプロンを着けて用事を片付けている）、やる気の出る音楽をかけたり、「これが終わったらごほうびがあるから」と自分を励ましたり。とにかく楽しい気分で掃除をしながら体を動かせるように、いろんな工夫をしてみよう。

⑤家事をしていないときは……

・ダンスをする！　わたしは朝、音楽をかけて子どもたちと踊るのが大好き。子どもたちもとても楽しそうだし、わたしにはいい運動になるし、みんなで笑いながら踊っている。朝から明るく楽しい気分になれるので、おすすめ。
・駐車場に車を停めるときは、できるだけ遠い場所に駐車して、歩く距離を増やそう。
・犬を散歩に連れて行く。飽きないように毎日ちがう道を通ってみる。

・エレベーターがあっても必ず階段を使う。
・テレビを観ながら脚上げ《レッグリフト》をする。
・ヨガ、太極拳、気功などのエクササイズを試してみる。

つまり、座りっぱなしでいないこと。積極的に工夫すれば、毎日の生活のさまざまな場面に運動を取り入れることができるはず。ジムでのエクササイズの補強にもなるし、あるいはジムに行かなくて済んでしまうかも。

Le Recap まとめ

*毎日の買い物や家事をしながら、日常生活のなかで体を動かそう。

*自分の体型にポジティブなイメージを持とう。自分の体の好きなところに目を向けよう。

*毎日体を動かすためのチャレンジ目標を設定する。

*自宅の界隈を徒歩や自転車で探索してみよう。

*ひまなときも、活動的に過ごす。

*いちばん重要なのは、怠け者にならないこと！　怠け者はシックじゃない。

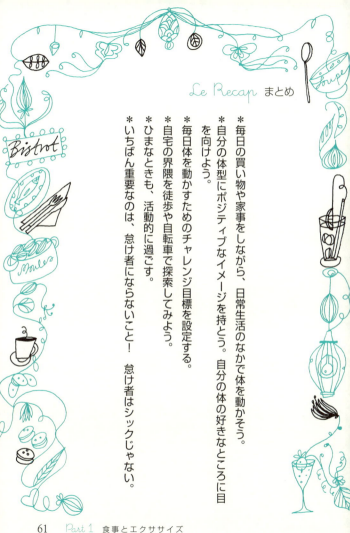

Part 2
ワードローブと身だしなみ

Chapter 4

10着のワードローブで身軽になる

ホームステイの初日、マダム・シックとムッシュー・シックは揃ってわたしを迎えてくれた。わたしたちはリビングに座って、紅茶をいただきながら、お互いに自己紹介をした。夫妻はわたしの勉強のことやアメリカでの生活についていくつか質問をしたあと、わが家と思ってくつろいで過ごしてほしい、と言ってくれた。紅茶を飲み終えると、マダム・シックが親切に声をかけてくれた。

「夕食の前にお部屋でひと息つきたいでしょう。案内するわ」

この瞬間をわたしは心待ちにしていた。こんなに美しいアパルトマンだから、わたしのお部屋もさぞかし……と期待が高まった。

お部屋はとても素敵だった。シングルベッドには緑のベルベットのカバーが掛けられ、天井まで届く大きな窓の両側には草花模様のカーテンが掛かり、窓からは絵のように美しい中庭を眺めることができた。勉強にちょうどいい大きさの机もあり、小型のクローゼットもあった。

え、ちょっと待って《アトンデ》。

小型のクローゼット？

それまでは何もかも順調だったのに、突然、頭が真っ白になりそうになった。思わず、荷物で膨れ上がった大型の2つのスーツケースに目をやった。

これがクローゼットなの？

クローゼットの扉を開くと――ハンガーがいくつか下がっているだけだった。わたしはとうとうパニックした。こんな狭いところに半年分の服を全部しまっておけっていうの？

うそみたいだけど、どう考えてもそうにちがいなかった。

やがてすぐにわかったのだが、この家の人たちには、これくらいの小さな収納で十分だったのだ。というのも、各自10着くらいのワードローブしか持っていなかったから。ムッシュー・シックも、マダム・シックも、息子さんも、持っている服はどれも上質なものばかりだったけれど、彼らは同じ服をしょっちゅう繰り返し着ていた。

たとえば、マダム・シックの冬用のワードローブは、ウールのスカート3〜4着に、カシミアのセーターが4枚、シルクのブラウスが3枚（パンツはめったに穿かなかった）。マダムの定番とも呼ぶべきスタイルがあって、それがよく似合っていた。

ムッシュー・シックのワードローブは、グレーのスーツ2着、紺のスーツ1着、セーター2〜3枚、シャツが4枚、それにネクタイが2〜3本。息子さんのワードローブも同じように少なかったが、彼の場合、スーツを着ることはめったになく、ふだんはもっぱらシャツやセーターを着ていた。家族のなかで彼だけは、たまにジーンズを穿いていることもあった。

じつは、こんな最小限のワードローブで事足りる家庭は、パリではめずらしくなかったのだ。悩んだあげく、ほかの家庭にホームステイしているアメリカ人の留学生仲間にも訊いてみたところ、やはりみんなの部屋にも大きなクローゼットはなかった。ということは——フランス人はクローゼットが狭いから10着のワードローブしか持っていないのだろうか？　それとも10着しか必要ないから、狭いクローゼットでも十分なのだろうか？

でもこの際、どちらだろうと関係なかった。とにかく半年間、アメリカ流の呆れるほど大量のワードローブを、どうにかしてしまっておかなければならないのだ。

けれども、パリで暮らしているうちに、10着のワードローブも悪くないように思えてきた。わたしがよく会うフランス人（大学の先生方や店員さんたち、それにもちろん、マダム・シックの一家とマダム・ボヘミアンヌの一家）はみんな、同じ服をしょっちゅう繰り返し着ていたのだ――それも悪びれた様子もなく、堂々と。

アメリカでは、同じ服を1週間に2回着るのはちょっと恥ずかしいし、ましてや3回なんてとんでもないと思っている。でもフランスでは、そんなのは当たり前のことだった。だって、みんなそうだから！

やがて、フランス映画を観ていても同じことに気がついた。アメリカ映画では『セックス・アンド・ザ・シティ』よろしく、ヒロインが目まぐるしいほど次々に新しい服を着て登場するけれど、フランス映画ではたいていの場合、ヒロインが同じ服を着ているのを少なくとも2回は目にする。アメリカ映画では、ヒロインが貧しいか、精神的によほど参っているのでもない限り、そんなことはまずあり得ない。

最近観たフランス映画『イヤとは言わない（*Je ne dis pas non*）』（日本未公開）では、シルヴィ・テスチュ演じるヒロインが着ていた服は、全篇を通してたったの3着だった――映画のなかでは数カ月の月日が流れているのに、だ。

そんなこんなで、わたしは考えさせられてしまった。フランス人とアメリカ人のクローゼットには、このように驚くほどのちがいがある。わたしの家族や友人たちのクローゼットや、テレビのリアリティ番組に出てきた買い物中毒の人たちのクローゼットなど、アメリカで見たたくさんのクローゼットを思い出しても、そこには明らかな特徴があった――アメリカ人のクローゼットは、服であふれそうになっている。みんな呆れるほど、大量の服を持っているのだ！　はたして、それはいいことなのだろうか？　それで満足しているのだろうか？　どの服も本当に気に入っているのだろうか？　まともな品質の服を買っているのだろうか？　いちばん腑に落ちないのは、なぜわたしたちは毎朝、服がぎゅうぎゅうに詰まったクローゼットの前に突っ立って、「着る服がない」なんて文句を言っているのだろうか？

アメリカに帰ったわたしは、とりあえず自分でも10着のワードローブでやってみることにした。そうやって実験のつもりでしぶしぶ始めたことが、わたしにとって大きな転機になったのだ。たいていの人はワードローブを10着に絞るなんて、とてもムリだと思うかもしれないが、もちろんその気持ちもわかる。服を山ほど持っている人が、たったの10着でやっていこうとしたら、かなり覚悟が要るかもしれない。

でも1週間でも試してみたら、きっと驚いてしまうはず。なぜなら、自分自身や自分のスタイルについて、たくさんのことが見えてくるからだ。自分にとって必要なのはどんなワードローブか、なぜいい服はめったに着ようとしないのか（わたしもつい、いちばんいい服は特別なときのために取っておきたくなる）、自分をどんな人に見せたいと思っているか——そういうことがわかってくる。

10着のワードローブの中身

でも、あわてないで。10着と言っても、ワードローブが文字通り10着しかないわけではない。マダム・シックの一家は、食生活でも運動でも、もちろんワードローブについても、ガチガチの規則に縛られるような人たちではなかった。あまり固く考えずに、自分に合ったやり方を試してみよう。

「10着のワードローブ」のポイントは、似合わない服や、ほとんど着ていない服、質の悪い服であふれ返っているクローゼットとおさらばすること。最終的な目標は、自分らしさを表現してくれる大好きな服ばかりにすること。そして、大切な服をゆったりと収納できるようにすることだ。それにはまず、要らない物をすっかり処分する必要がある。

ワードローブは10着のコアアイテムを中心に構成される（2〜3着なら多くても少なくてもかまわない）。この10着には**上着類**（コート、ジャケット、ブレザーなど）や、**ドレス類**（カクテルドレス、イブニングドレス、昼用のドレスなど）や、アクセサリー（スカーフ、手袋、帽子、ストールなど）や、**靴**や、**アンダーシャツ**（Tシャツ、タンクトップ、キャミソールなど重ね着するものや、セーターやブレザーの下に着るもの）**は含まない**（一日おきに洗濯しなくてもすむように、また、カシミアのセーターなどを長く着るためにも、アンダーシャツ類は何枚もあったほうがいい）。

また、10着のワードローブは季節ごとに見直して、アイテムを入れ替える。たとえば、夏用の10着のワードローブを選ぶときは、当然、3枚のカシミアのセーターは数には入れない。衣替えをしてセーターはしまい、セーターの代わりに3着のサマードレスをワードローブに入れるなど、自分のライフスタイルに合わせて必要なアイテムを揃えよう。

要らない服はどんどん捨てる

10着のワードローブを選ぶには、まずクローゼットの要らない服を捨てる必要がある。片付け終わったときには、クローゼットには10着の服（と、さきほど述べたその他のアイテム）しか下がっていないように、要らない服はごっそり処分するのが肝心。10着しか着ないつもりだけど、「念のために」他の服も取っておこうなんて思ったり、面倒がって季節外の服や余分な服をしまう場所を確保しなかったりすると、結局、クローゼットはぎゅうぎゅうのままになってしまう。けれども余分な服を捨てたり、ほかの場所にしまったりすれば、効果は絶大で、ごまかしが利かなくなる。

わたしがクローゼットを整理したときは、思い切って70％の服を処分した。われながらよくあそこまでやった、と感心してしまうほどだ。でも、1着ずつチェックしていけば、それほど難しいことではなかった。持っている服を全部ベッドの上に広げて、ひとつずつ手に取って、いくつかの大事なチェック項目を確認することで、要らない服が捨てやすくなったのだ。

ワードローブ整理のためのチェック項目

＊この服はまだ気に入っている？

わたしの場合、気に入っているからというより、高いお金を出して買ったから、もったいなくて捨てられないものが多かった。

＊この服はちゃんと着ている？

全然着ていない服がたくさんあった。なかには2年以上着ていない服も何着もあった！そういう服はもう着ないとわかっているのに、なぜかずっと捨てられなかったのだ。

＊この服のサイズはまだぴったりで、ちゃんと似合っている？

人は誰でも体重が増えたり減ったり、または子どもを産んだり歳を取ったりして、体型が変わっていく。自分のいまの体型から目を背けてはダメ。昔の自分や理想の自分ではなく、いまの自分の体型に似合う服を着ること。

＊この服は、いまのわたしらしいと言える？

この質問はとても効果的で、ほとんどの場合は明らかに「ノー」だった。20代前半に買ったブラウスやスカートが、捨てられずに取ってあった（ベビードール・ドレスまで取ってあったのにはビックリ！）。もうあのころとはちがうのだ。わたしは結婚して、母親になった。以前よりずっとあかぬけて洗練された趣味になっている。昔の服は、いまの新しいわたしにはふさわしくない。

もしかしたら、最初の1回で要らない服をすべて処分するのはムリかもしれないけれど、それでも大丈夫。要らないと思うものを選んだら、圧縮式の収納ケースや衣装ケースにしまって、ほかの部屋やガレージに置いておこう。ふだんは目に触れないようにするのがコツ。そのまますっかり忘れてしまって、1年以上思い出さなかったら、もう本当に要らない服だと納得できるはず。

自分らしい10着の選び方

クローゼットがきれいに片づいたら、いよいよ10着のワードローブを選ぼう。ワードローブ選びは人によって、また住んでいる場所やライフスタイルによって変わってくる。マンハッタンの弁護士とアトランタの専業主婦では、当然、まったくちがったワードローブになるはず。

まずは、あなたのふだんの1日の予定を考えてみよう。役員会議？　ＰＴＡのミーティング？　それともあなたは家で仕事をしている？　自転車に乗ることが多い？　それから、住んでいる土地の気候（雪が降る、雨が多い、温暖など）や、自分自身のライフスタイルや個性（流行に敏感、流行にとらわれないミニマリズム、ボヘミアン風など）も考慮に入れる。

わたしの10着のワードローブは、いまのわたしの生活にふさわしい内容になっている。わたしは小さなふたりの子どものいる母親だけれど、きちんとした感じの服を着たい。だから、ちょっとおしゃれな雰囲気のカジュアルでスポーティーな服がワードローブの大半を占めている。わたしが住んでいるのは、冬でも温暖な南カリフォルニア。ふだんの日は、家事や子どもの世話をしたり、子どもたちを連れてママ友の家に遊びに行ったり、執筆したり、散歩に出かけたり。わたしの10着のワードローブには、そんなわたしのライフスタイルが反映されている。

では、ここで10着のワードローブの具体例を紹介しよう。このなかのアイテムは、どれもほかのアイテムと組み合わせが利くようになっている。最小限のワードローブでは、いろいろな組み合わせができることが重要だ。

春・夏用の10着のワードローブ（例）

・シーグリーン（海緑色）のシルクのトップス
・透け感のあるゴールドブラウンのブラウス
・ネイビーと白のボーダーシャツ
・ベージュのクルーネックセーター
・シーフォームグリーンのVネックのカーディガン
・黒のセンタープレスパンツ
・シーグリーンのAラインスカート
・カーキ色のペンシルスカート
・白または濃紺のジーンズ（両方あってもよい）

秋・冬用の10着のワードローブ（例）

・カシミアのセーター3枚（ベージュ、クリーム色、黒）

・シルクのブラウス3枚
・白のボタンダウンシャツ1枚
・濃紺またはダークグレーのウールのテーラードパンツ
・黒のウールのスカート
・黒のスキニーもしくはブーツカットのジーンズ

1カ月実験

わたしが試しに1カ月間きっちりと「10着のワードローブ」で過ごしてみたときに、書き留めたことをいくつかご紹介しよう。

＊朝、クローゼットの扉を開けるたびにうれしくなる。

お気に入りの服がきれいに並んで（ぎゅうぎゅう詰めではなく）ゆったりとハンガーにかかっているのを見ると気分がいいし、何を着るか迷わなくてすむので、とってもうれしい。選択肢が限られているから、1分もあれば決められる。それに、クローゼットがすっきりと片付いていると、気分まで晴れやかになるみたい（きっと風水の運気もいいにちがいない）。

＊買い物欲がおさまってきた。

これはまったく予想外だった。「10着のワードローブ」実験を開始して1週間もしたら、「誰かわたしをノードストローム（アメリカの有名な高級デパート）に連れてって」とすがりついてしまいそう、なんて思っていたくらいだから。ところが、どうだろう。クローゼットに少ない服がゆったりと並んでいる様子があまりにも素敵なので、どうせまたすぐに捨ててしまうような服をたくさん買い込んで、クローゼットをパンパンにする気にはなれないのだ。またそのうちきっと買い物欲が湧いてくるだろうけど、そのときはしっかりと吟味して、良い物を選ぼうと思っている。

＊落ち着いた気分でショッピングを楽しめるようになった。

わたしはショッピングに出かけたら、何も買わずに帰ってくることはほとんどない。でも、いまは以前よりも高価で質の良い服を買いたいと思っているので、下見のためにウィンドウショッピングに出かけて、何も買わなくても平気になってきた。せっかくなら良い物を選びたいので、あせらずにじっくり検討してから買いたい。

＊服がくたびれてきたタイミングを見きわめられるようになる。

先日、レギンスを穿いた女性が、前屈みになって知り合いとハグしているのを見かけた。部屋には人が大勢いたのだが、その女性が前屈みになったとたん、レギンスのお尻の部分に大きな穴がぽかっと3つも開いたのだ！　日頃からちゃんとワードローブを点検しておけばよかったのに。そうすれば、レギンスのほころびに気がついたはずだし、人前であんな恥をかかなくてもすんだはずだ。

その女性には気の毒だけれど、穴の開いたレギンスを見てぞっとしたわたしは、自分のワードローブを総点検した。すると、何枚か持っていたお気に入りのシャツのなかで、〈スプレンディッド〉のグレーのTシャツが少しくたびれているのに気づいた。着てみると、何度も洗濯をしたせいで、型崩れしてくたくたになっていた。

「10着のワードローブ」を実践する前のわたしだったら、「(Tシャツにしては)けっこう高かったんだから」と思うと、見て見ぬふりをして、しまいこんでしまったはず。でも、「10着のワードローブ」を実践していたわたしは、このグレーのTシャツはもうお払い箱にすべきだと気づいて、処分したのだった。

＊手持ちの服を組み合わせ、何通りもの着こなしを考えるのが重要。

「10着のワードローブ」では、ひとつのアイテムを他のいろんなアイテムと上手に組み合わせて着こなすのがコツ。手持ちの服に飽き飽きして、どの服も嫌いになってしまい、また「着る服が全然ない！」なんて文句を言いたくならないように、がんばって工夫してみよう。

＊「10着のワードローブ」を念入りに選べば、結果的にいつもいい服ばかり着ることになる。

慣れてしまえば、「もったいないからこんど着よう」なんて思わずに、いい服をどんどん着られるようになる。

＊家でいい服を着たまま家事をするときは、エプロンを着ける。

これはマダム・シックから学んだ秘訣。料理やその他の家事をどんどんこなしても、服をきれいに保つことができる。

＊洗濯ものやクリーニングをため込むのは許されない。

忙しい週はちょっと大変かもしれない。ある週のこと、わたしは忙しくて家事に手が回らず、洗濯物もため込んで着る物がなくなってしまった。仕方がなく、しまっておいた服をいくつか引っぱり出してきて急場をしのいだ。服をクリーニングに出すときも、タイミングをうまく調整して、いっぺんに全部出さないようにする必要がある。でも、10着のワードローブだけでは洗濯やクリーニングが間に合わないようなら、20着から25着に増やすのがいちばんの解決法かもしれない。

＊ファッションにあまりお金を使えない場合は、10着のワードローブ（コアアイテム）にはお金をかけすぎないこと。

「10着のワードローブ」をすべて高い服で揃える必要はない。お金をかけるべきなのは、コートや靴、サングラス、ハンドバッグ、カクテルドレス、ジーンズ、時計、ジュエリーなど。こうしたアイテムは長く使えるので、何よりも質の良いものを選ぶのが重要。それに、こういうところにお金をかけておくと、手頃な価格の服と合わせても全体的に高価な感じに見える。

まだ「10着のワードローブ」には抵抗を感じるけれど、メリットには興味があるというなら、こんど旅行に出かけるときにぜひ試してみてほしい。旅行の長さに合わせて、持って行く服の数を決めるのだ。たとえば、長めの週末旅行なら2〜3着だけ。2週間の旅行なら10着持って行く。そうすれば、家で「10着のワードローブ」を試した場合と同じメリットを体験できるし、旅行の荷物も少なくてすむ。

時間をかけて、自分にぴったりのワードローブを作り上げていこう。実験をきっちり行って、ワードローブを10着に絞った結果、あなたもその素晴らしさを実感しているなら、ぜひ続けてみて！　あともう何着か足せばうまく行くと思うなら、もちろんそうしたってかまわない。

マダム・シックの家族は10着で事足りると言っても、かなり思い切った実験だから、あなたにとっても最適な方法とは限らないかもしれない。でもとりあえず、一度はちゃんと試してみて、自分にはどんなワードローブが必要かを理解してほしい。そうすれば、どんな服を買い足せばいいのかわかるようになる。家のなかを見渡すようにワードローブも厳しくチェックして、余計なものを増やさないようにしよう。そうするうちに、本当に自分らしいスタイルが、少しずつわかってくるはずだ。

Le Recap まとめ

＊要らない服を捨てよう。思い切って大胆に！

＊季節外の服は、すべて別の場所に収納する。

＊自分で期間を決めて、「10着のワードローブ」に挑戦してみる（わたしの場合は1カ月がちょうどよかった）。

＊自分の「10着のワードローブ」を決める（コートやドレス、アクセサリー、靴、重ね着用のシャツなどは含まない）。

＊きっちり10着で実験してみて、必要な服と要らない服を見きわめ、必要に応じてアイテムを足したり外したりする。

＊いちばん大事なのは、プロセスを楽しむこと。ワードローブを10着に絞る実験の目的は、あなたが本当に気に入った服だけを揃えて、いつでもＴＰＯにふさわしい、きちんとした服装ができるようになることだから。

Chapter 5

自分のスタイルを見つける

わたしがマダム・シックと一緒に買い物に行った日の話を覚えているだろうか？　あの日は、マダムの健康の秘訣は地元の専門店を歩いて回ることだとわかっただけでなく、じつはそれ以外にも発見があったのだ。

わたしはホストマザーのマダム・シックとうまく行っていて喜んでいた。わたしにとってマダムは謎めいた存在で、威厳があって、少し気後れしてしまうこともあった。マダム・ボヘミアンヌのように温かく包み込んでくれるタイプではなかったけれど、マダム・シックがわたしのことを気に入ってくれているのは伝わってきた。たぶん、マダムの気高い雰囲気に慣れていなかっただけだと思う。一緒に過ごす時間はいつも楽しかったし、マダムはわたしのつたないフランス語にも辛抱強く付き合ってくれていた。

そんなある日、「あなたも一緒にお買い物に行く？」とマダムに声をかけられて、わたしは有頂天になった。かわいがってもらえているような気がして、うれしかったのだ。

だから、アパルトマンから通りに出て歩き始めてすぐに、マダムがわたしのほうを向いて、いきなりこんなことを言ったのはショックだった。

「そのセーター、似合ってないわね」

「何ですか?」わたしは思わずそう訊き返し、厚手のコートの下からのぞいている〈バナナ・リパブリック〉のスプリンググリーンのセーターとカーディガンのアンサンブルに目をやった。きっと聞きまちがいにちがいない。

ところが、マダムはもう一度同じことを言った。

「そうですか?」今度は英語で言ってしまった。わたしは傷ついていた。「でもこれ、シルクとカシミアなんです!」

「ちがうわ、質が悪いと言ってるんじゃないのよ、ジェニファー」問題のセーターをじろりと見てマダムが言った。

「色がよくないの。その色はあなたには全然似合わない。強すぎるのよ。顔色が……黄色っぽく見えるわ」

えっ、顔色が黄色っぽく見える? マダムのずけずけとした言い方がとてもショックだった。友だち同士では、いつだって相手をほめることしか言わなかったから。もし相手の服や髪型が似合っていなかったら？　ふつうは何にも言わないだろう（ほめようがないなら、黙っていたほうがいい……）。それなのに、マダムがわざわざあんなことを言うなんて、よっぽどひどく見えるにちがいない！

しゅんとなったわたしを見て、マダムが言った。

「落ち込まないの、ジェニファー！　ただの率直な感想よ。あなたも女性として、自分にいちばん似合う色を知っておかないとね。誰も言ってくれなかったらわからないでしょう？」

たしかにそうかもしれない。わたしはあらためてアンサンブルに目をやった。この服は友だちからプレゼントにもらったものだった。とくに好きな色ではないし、自分だったら買わなかっただろう。考えてみると、そもそもアンサンブル自体、買わなかったはずだ。アンサンブルなんて、何だかわたしらしくないから。でもわざわざお金を出して買ったわけじゃないし……プレゼントにもらったんだもの。それに〈バナナ・リパブリック〉のカシミアとシルクだし！

わたしはおずおずとマダムに訊いてみた。「どんな色ならわたしに似合うと思いますか？　グリーンはもちろんだめでしょうけど」

「全部だめってわけじゃないわ」マダム・シックは大きな声で言った。「エメラルドグリーンやミントグリーンやシーフォームグリーンなら、とってもよく似合うはずよ――そのグリーンが似合わないだけ」そう言いながら、マダムは哀れなアンサンブルをまたじろじろ見つめていた。

それ以上哀れむような視線を浴びなくてすむように、わたしはコートのボタンをさっと留めてしまった。

さらに、マダムはアドバイスをくれた。わたしには濃い紫色やロイヤルブルー、ルビーレッド、黒、クリーム色、プラム色、ラベンダー色、ピンクがかったオレンジ色、サーモンピンクもよく似合う。というより、ほとんどの色は似合うけれど、黄色のうちの何色かとスプリンググリーンだけは似合わない、と教えてくれた。

忙しく買い物を始めるまえに、マダム・シックがそんなふうに追加のアドバイスをくれたので、傷ついて頑《かたく》なになっていたわたしの気持ちも少しずつほぐれていった。マダムは言った。

「何が自分の美しさを引き立てるのか、逆に台なしにしてしまうのか、自分自身でよく観察しなければいけないわ。女性なら誰だってそうするべきよ」

信じられないかもしれないが、わたしはそれまで自分の美しさを引き立てる服を着ようなんて、考えたこともなかった。もちろん、いいと思った服を着ているつもりだったし、自分の外見に対してネガティブなイメージも持っていなかったけれど、何が自分をより美しく見せるかを知り尽くした上で服を選ぼうなんて、考えたこともなかったのだ。

もちろん誰だって服を買うときには、よく似合う服が欲しいと思っている。しかし実際に、わたしたちはどれだけちゃんと考えて服を選んでいるだろうか？　わたしたちが服を着るのは、ただ寒さをしのぐため？　（それとも、公然わいせつ罪で逮捕されないように？）　それともわたしたちはアートとして——つまり誘惑のテクニックとして——服を着るのだろうか。異性のためだけではなく、自分自身の美しさにうっとりするために。

そして、どんな服を着ると自分の魅力が台なしになってしまうか、わたしたちはちゃんとわかっているだろうか？　それとも、マダム・シックのような人に教えてもらわなければ、わからないのだろうか？

なぜその服を着ているのか？

その夜、わたしはじっくりと考えてみた。いったいなぜあのアンサンブルを着ようと思ったんだろう？　アンサンブルなんてわたしの好みじゃないし、あのグリーンピースのスープみたいな色だって……（もうスプリンググリーンじゃなくて豆のスープの色にしか見えなくなっていた）。プレゼントにもらったから着たのだろうけど、もらったからとりあえず着るというのはどうなのだろう？　もっと自分なりのこだわりをもって、着る服を選ぶべきなのかもしれない。

この本の最初の2つの章では、どんな食生活を送るべきか、時間をかけてしっかりと考えてみようと提案した。それと同じで、どんな服を着るべきかについても、やはりしっかりと考えてみる価値がある。つまり、体に良い物を選んで食べるように気をつけているなら、身に着ける服も、同じくらいこだわって選ぶべきなのだ。あまり気に入っていない服を着る意味なんてあるだろうか――あなたの個性が感じられない、あなたらしくない服なんて。

わたしたちはつい、まちがった理由で服を取っておいて着てしまう。家族や恋人からのプレゼントだから、着ないと相手に悪いと思って着てしまうとか。衝動買いで失敗したと思っても、払ったお金がもったいないから、気に入らなくても着るとか。あるいは、「おしゃれなトレンドの服だからわたしにもきっと似合うはず」とか、「モデルやセレブが着ていてかっこいいからわたしも着てみたい」とか。そういうのは、どれもまともな理由とは言えない。

そうではなく、自分が本当に好きな服を着よう。自分によく似合って、自分がどういう人間かを表現してくれる服を。妥協は禁物だ。

定番のスタイルを持つ

あの日、マダム・シックと話したことで、わたしも自分のスタイルと呼べるものを確立しなければ、と思うようになった。わたしのクローゼットはぐちゃぐちゃで、ボヘミアンやプレッピーやアーバンスタイルなど、雑多なスタイルの服が集まった支離滅裂なワードローブになっていた。

フランスの女性たちは自分のスタイルをよくわかっていて、生活のさまざまな面においても自分らしさを巧みに表現しているように見えた。マダム・シックにも定番のスタイルがあった。クラシックでコンサバなスタイルで、カシミアのセーターやAラインのスカート、靴はフラットかローヒールがお気に入り。自分らしい装いに身を包んだマダムは、晴れやかで満ち足りた様子で、とても自然体だった。

マダム・ボヘミアンヌも、自分らしいスタイルを持っていた。彼女が好きなのは（お察しのとおり）ボヘミアン風スタイルで、シフォンのマキシスカートに7分袖かノースリーブのトップスがお気に入り。やはり、自分らしいスタイルから逸脱することは、めったになかった。ふたりとも自分らしさをよくわかっていて、それに心から満足していた。どちらのマダムも、着る服が決まらなくて、クローゼットの前でイライラしている姿なんて、想像もできない。

意識的にせよ、無意識にせよ、マダム・シックもマダム・ボヘミアンヌも、自分らしいスタイルを確立していた。マダム・シックは流行のファッションを試してみるタイプではなかった。それは、彼女のスタイルではないから。そのおかげで、衣服に関してもシンプルなライフスタイルを貫けるのではないだろうか。

マダム・シックは自分には何が似合うか、どんな服を着れば自分らしいくつろいだ気分になれるか、そして（買い物へ行く途中、わたしにもはっきりとアドバイスしてくれたように）どんな服を着れば自分の美しさが引き立つかを、ちゃんとわかっていた。そんなマダムは、自分の持っている服はどれも心から気に入っているようだった。

テーマを一語で表す

マダム・シックのように自分らしいスタイルを確立できれば、あなたのワードローブも気に入った服ばかりになる。ではここで、エクササイズをやってみよう。あなたは自分のスタイルを一語か二語でぴたっと表現できるだろうか?

自分らしいスタイルを突き詰めていく上で、自分のスタイルの「テーマ」を決めるのはとても効果的な方法だ。「テーマを決めるなんて、そんなのムリ」と思う人もいるかもしれないけれど、ひと口にスタイルといっても「クラシック」から「トレンディー」から「ミックス(折衷)」までさまざまなテーマが考えられる。それに一度決めたら二度と変更できないわけではないので、安心して。テーマはいつでも気軽に変更できる。

ありふれたファッションが嫌いで、ファン・ビンビン(中国の女優)やイザベラ・ブロウ(イギリスのスタイリスト)のように、型破りでスタイリッシュなファッションが好きなら、あなたのテーマは「エキセントリック・シック」。イギリスのキャサリン妃のように洗練されたエレガントなおしゃれが好きなら、あなたのテーマは「レディライク・シック」。

こんな感じでクリエイティブに、自分らしいテーマを決めよう。「ボヘミアン」とか「プレッピー」とか、いわゆる一般的なファッション用語にこだわる必要はまったくなくて、あなたならではのテーマを考えてみるのもいい。

たとえば、いまのわたしのスタイルは「リラックス・リュクス」。「リラックス」というのは、わたしはふだんカリフォルニアに住んでいて、カジュアルでおしゃれな感じのスポーティーな服を着るのが好きだから。「リュクス」というのは、わたしはシルクやカシミアやウルトラソフトコットンなどの高級素材が好きで、シンプルな服に上質なジュエリーを合わせるのが好きだから。

また、わが家は毎年何カ月かをヨーロッパ（おもにイギリス）で過ごすので、カリフォルニア風のカジュアルなワードローブであっても、もっとフォーマルな装いが求められるロンドンでの暮らしでも使えるものがいい。そんなわたしの典型的な服装は、スキニージーンズにバレエシューズ、細身のブレザー、そしてシルクのトップス。または、ジャージーワンピースにゴージャスなサンダルと大判のストール。このふたつの例では、ジーンズとジャージーワンピースが「リラックス」の要素で、ブレザーとシルクのトップスとサンダルとストールが「リュクス」の要素になる。「リラックス・リュクス」はちゃんとしたファッション用語と言えるかって？　さあ、どうかしら！　でも、わたしのスタイルを表現するにはぴったりだから、気に入って使っている。

有名人や街の人びとのファッションをリサーチするのもいい。あなたは誰のおしゃれに影響を受け、インスパイアされているだろうか？　わたしの場合は、ソフィア・コッポラやオドレイ・トトゥ、マリオン・コティヤール、ミシェル・ウィリアムズやキャサリン妃のスタイルにインスパイアされている。

自分のスタイルの「テーマ」が決まったら、今度はあなたの目指すスタイルにぴったりのデザイナーを見つけよう。たとえば、あなたの決めたテーマが「レディライク・シック」で、テーラードコートやエレガントなドレスやフェミニンなスーツを着たいのなら、ナネット・レポー、キャサリン・マランドリーノ、ダイアン・フォン・ファステンバーグ、ジェニー・パックハムなどのデザイナーズブランドがぴったりだろう。

わたしの「リラックス・リュクス」の場合、よく服を買うのは、A.P.C.《アーペーセー》、ダイアン・フォン・ファステンバーグ、BCBG MAXAZRIA《ビーシービージーマックスアズリア》、フェラガモ、ジェームス・パース。それから、ジェイブランド、ジェイクルー、ロンドン・ソール、ナネット・レポー、レベッカ・テイラー、ヴェルヴェット、ヴィンスなど。このあたりのブランドショップをのぞけば、わたしのワードローブにぴったりの服が見つかるというわけだ。

世の中に向けて自分を表現する

自分のスタイルの「テーマ」を決めるのは、「他人に対して自分をどんな人間だと印象づけたいか」を決めることでもある。テーマを決めてからしばらく時が経ってしまうと、いまの自分にはしっくりこないように感じることもある。たとえば、大学生のときにテーマを「プレッピー」に決めてから10年も経って、ポロシャツにチノパンの定番スタイルにもいいかげん飽きてしまったのなら、そろそろ新しいスタイルを模索すべきだろう。

少なくとも10年に1度は、自分のスタイルを見直すべきだと思う。20代前半に着ていた服は、当然ながら40代半ばになったら似合うはずがない。わたしたちは年齢を重ねるにつれて、より賢く、洗練され、(願わくは)裕福になっていくはず。だったら、着る服もそれに合わせて変わっていくべきなのだ。

また、自分のスタイルのテーマを決めておくと、手持ちの服と合わせにくい服は買わないようになる。だれでもつい、手持ちの服と合わない服を買ってしまった経験があるだろう。新しく買った服を着るために、それに合うアイテムを買い足さなくてはと思ったら、失敗した証拠だ。手持ちの服と合わないのは、そもそもあなたのスタイルの服ではないから。

わたしの場合、自分らしいスタイルがちゃんと決まってからは、お金も時間もずいぶん節約になった。基本的にトレンドは無視して、自分に似合う好みのスタイルを貫いている。服を買うのは、とっても楽しいこと。お気に入りのブランドの新作をシーズンごとにチェックして、コアアイテムをいくつか買い足し、ワードローブをさらに素敵に強化することにしている。

汝自身を知れ

さきほどの問いに答えるなら、わたしたちはマダム・シックみたいな人に教えてもらわなくても、どんな服を着たら自分の魅力が台なしになってしまうか、ちゃんとわかるはずだ。わたしたちは誰でも自分らしいスタイルを――どんな服を着れば自分がいい気分になれるかを、わかっているはずだから。あのグリーンのアンサンブルに袖を通したとき、わたしは心のどこかでは、似合っていないと気づいていたはずだ。だから、着ていても素敵な気分になれなかった。それなのに、何だかんだと理由をつけて取っておき、着てしまったのだ。でも、人生は短い。毎日がかけがえのない一日なのに、自分らしくない服を着て冴えない気分で過ごすなんてもったいないと思わないだろうか。

わたしたちの本能は、日常生活で正しい決断を下すのに役立っている——誰を信用すべきか、どの道順で行ったほうがいいか、お昼に何を食べるか。着る服を選ぶときだって、わたしたちの本能は働いている。でもひょっとして、あなたは自分の本能を無視していないだろうか？　もしそうなら、なぜだろう？

たとえば、あなたが住んでいるのは寒いところで、あなたは冬の気候にふさわしく、黒やネイビーやグレーのような暗い色の服ばかり着ているとしよう。本当はあざやかな明るい色の服も着てみたいのだけど、何だかんだと自分に言い訳をして、暗い色の服ばかり着ている。「周りがみんな黒っぽい服を着ているのに、自分だけ真っ赤なコートなんか着て目立ちたくない」とか、「黒っぽい色のほうが、通勤途中の水たまりで泥がはねても、シミが目立たなくて便利」とか、「黒い服を着ているとシックに見えるって言うから」とか。

そんなつまらない理由を自分に言い聞かせて、「明るい色を着たほうが、もっとハッピーで素敵な気分になれるはず」という心の声を無視していないだろうか？

もしこの例に思い当たるところがあるなら、いちど試しに、やりたいと思ったとおりにやってみよう。自分はどんな服を着て、どんなおしゃれをしたいのか――自分の本音を探ってみるのだ。本当の自分を知ろうとして、心の声に耳を傾ければ、自分らしい美しさを大切にしようと素直に思えるようになるはず。

ありのままの自分に満ち足りる

フランス語の bien dans sa peau《ビアン・ドン・サ・ポー》 というフレーズは、直訳すれば「自分の肌に満足している」、ひいては「ありのままの自分に満ち足りている」という意味。

フランスでわたしが出会った多くの女性たちは、まさにこのフレーズを体現していた。彼女たちには自信があって、自然体だった。マダム・シックもマダム・ボヘミアンヌも、ありのままの自分に満足していた。ふたりはまったくちがうタイプだけれど、どちらも自分の果たすべき役割を淡々と優雅にこなしていた。そして、生活の何かに不満を持ってイライラしていることがなかった。もちろんマダムたちにも他の誰もと同じように、調子のよくない日はあったはずだけれど、たいていはいつも幸せそうで、ゆったりと落ち着いていた。

自分のスタイルを知って、しっかりとそれを貫いていると、そんな至福の状態になれるのだと思う。変に自意識過剰になったり、くよくよ後悔したりすることもなく、晴れやかな素敵な気分でいられるのだ。

Le Recap まとめ

＊本当に気に入っている服だけを着よう。自分によく似合って、自分らしいと思える服を着よう。
＊自分のスタイルを確立すれば、どんな服を買うべきか迷わなくなる。
＊「自分をどんな人間として印象づけたいか」を考えて、服を着る。
＊どんなスタイルのおしゃれをしたいのか、自分の心の声に耳を傾けよう。着た服が似合うか似合わないかは、自分の心の奥でちゃんとわかっているはず。

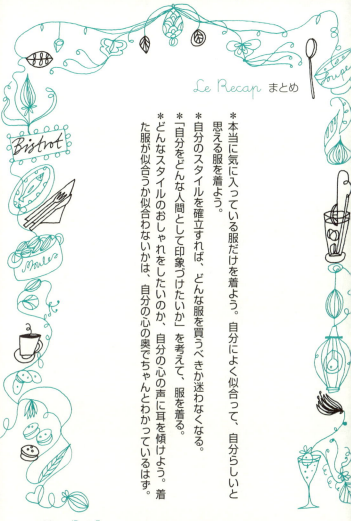

Chapter 6

ノーメイクみたいにメイクする

パリにいたころは、カフェに入ると1杯のカフェ・クレーム（コーヒー＋泡立てたミルク）で何時間もねばって、店内や街を行く人たちを眺めているのが好きだった。

フランスの男性たちを眺めているのは（いろんな意味で）とても楽しかったけれど、女性たちを観察するのも負けず劣らず楽しかった——洗練されていながらナチュラルな感じの人が多かったから。メイクをしているのかどうか、ぱっと見ただけではわからないのだけど、頬にはほんのりと赤みが差し、目元はさりげなく際立って、唇は素肌っぽいきれいな色をしていた。つまり、ノーメイクみたいに見えたのだ。

ノーメイクみたいなメイクの真髄は、謎めいた雰囲気——まさにそこに価値がある。このメイクをしている女性は、きちんとしているのに、とてもナチュラルな感じ。まるでこんなメッセージを伝えているかのように——「わたしにはほかに大事なことがいくらでもあるから、1時間もかけて念入りなメイクなんかしないわ。行くべきところや、やるべきことがいっぱい。とっても充実してるの！」。

かといって、自分をどんなふうに印象づけるべきかは、ちゃんと心得ている。謎めいた雰囲気を漂わせつつ、ナチュラルに美しく見せることが、自分の魅力を高めることをわかっているのだ。

わたしもこのノーメイクみたいなメイクのコンセプトが大好きで、心から楽しんでいる。というのも、このメイクを覚えるまでは、メイクをするのがちょっぴり面倒だったから。メイクをするならバッチリ（夜遊び用）、しないときは完全にすっぴんで、その中間というのがなかった。昼間はどんなメイクをすればいいのか、よくわからなかったのだ。

そこで、自分なりにいろいろなメイクを試して研究してみることにした。わたしが覚えたいと思っていたのは、自分の魅力をさりげなく高めてくれる、ふだん用のメイクだった――洗練された感じに見えて、自信を与えてくれるメイクだ。求めていた条件は、これなら毎日できると思えるくらい、手軽にできること。そして、「もしかして、すっぴんなのかな？」と思われるくらい自然に見えること。つまり、とびきり素敵に見えるメイクを覚えたかったのだ。

パリにいるあいだに、わたしは昼用のメイクをあれこれと試し始めた。毎日、街ではっと目を引かれた女性たちを観察しては、メイクをまねしてみた。それ以来いまでもずっと、より洗練されたメイクを目指して、わたしなりの工夫を重ねている。

パリでよく見る3つのメイク

わたしがパリの暮らしで学んだ、3つのお気に入りのメイクをご紹介。

＊ナチュラルメイク

さりげないメイク。軽めのファンデーション（パウダーか色つき乳液）で肌のムラをなくし、チークとマスカラと目立たない色の口紅をする。あか抜けたきれいな印象だけれど、ごく自然な感じのメイク。ほとんど時間もかからないから、ふだんのメイクにぴったり。少し気持ちを引き締めたいときにも。このナチュラルメイクは、面接など仕事のときにも使えるし、用事で外出するときにも最適。

＊目元の際立つメイク

このメイクは目元を際立たせて、口元は控えめにするのが特徴。メイク用品はナチュラルメイクと同じだけど、さらにわたしの好きなアイテム、アイライナーを投入。小悪魔風のとってもパリっぽいメイクで、このメイクをしていると、ふつうの人よりずっとシックな感じがする。朝、ベッドから出たら、髪をさっとひとつに結んで、アイライナーを引いて、さっそうと出かけるようなイメージ。

目元の際立つメイクは、美術館や映画や気軽なコンサートなど、さまざまなアート関連のイベントにぴったり。ミステリアスな雰囲気に見せたいときは、ぜひこのメイクを試してみて（目元を強調すると、ミステリアスな女のイメージがぐっと高まるから）。

＊リップの際立つメイク

このメイクは口元を際立たせて、目元は控えめにするのが特徴。パウダーファンデーションとチークを使って、唇には大胆な色の口紅（ベリー色、モーブ、赤など）をして、目元のメイクは控えめにする（アイシャドーはせずにマスカラだけ。アイライナーはしてもしなくてもＯＫ）。

このメイクはロマンティックな感じで、視線を唇に引きつけるから、情熱的な気分のときや、気まぐれな気分のとき、ちょっぴり冒険したい気分のときにぴったり。「毎日ばっちりメイクするほどヒマじゃないけれど、口紅は忘れない女らしい人」というイメージを演出できる。リップの際立つメイクは、初めてのデートにぴったりだし（もちろん、デートならいつでも！）、顔にちょっぴり明るい色を加えたいときにも最適。真冬なら、フューシャピンクなどあざやかな色の口紅をつければ、うきうきした気分になれる。

服装に合わせてメイクを変える

その日の服装を決めるときに、3つのメイクのうち、どのメイクにするかも決めてしまおう。服装のスタイルに合わせてメイクを選ぶこと。

たとえば、雑用で忙しい日なので、服装はカジュアルなトップスとカプリパンツにサンダルを合わせるつもりなら、メイクは「ナチュラル」に――パウダーファンデーションをさっと塗ったら、マスカラとチークと目立たない色の口紅をする。それだけでもしゃきっとした気分になるし、出先でばったり知り合いに会ったら（わたしの場合、なぜかそうなる)、「ちゃんとメイクしておいてよかった」と思うはず。

たとえ人に会う予定がなくても、自分自身が気分よく過ごせるように、きれいでいるのは素敵なこと。わたしは街で素敵な人を見かけて、はっと目を奪われたことが何度あったか数えきれないほどだ。そんなときは思わず、その見知らぬ相手に「あなたって、本当にきれいね(ハンサムね)。とっても刺激されたわ!」と伝えたくなってしまうくらいだ。わたしたちもぜひ、ちょっとした用事や気軽な外出のときでも、そんなふうに誰かに素敵な刺激を与える人になりたいもの。

遊び心のある服や、流行の最先端の服や、アーティスティックな服を着るときは、「目元の際立つメイク」がぴったり。フェミニンなブラウスを着るなら、「リップの際立つメイク」が素敵。そんなふうに、装いに合わせてメイクを変えてみよう。

美肌のためにいつでも水を飲む

きれいな肌を保ちたければ、水をたくさん飲む必要がある。フランスの女性はたいてい夜寝る前と朝起きた後に大きなグラスで水を飲み、さらに1日じゅう何杯もの水を飲む。わたしはフランスから帰ってからも、その習慣をずっと続けている。うっかりすると、わたしたちはあまり水を飲まずに1日を過ごしてしまうはず。でも、夜寝る前と朝起きた後に必ず水を飲むようにすれば、水分が十分に補給された状態で1日をスタートできるし、日中もちゃんと水を飲もうと心がけるようになる。

フラペチーノやソイラテやジュースや甘い紅茶など飲まなくたって、1日を乗り切れるはず。そういう飲み物は完全にやめるべきだとは言わないけれど、何よりも水をたくさん飲むようにしよう（これはスリムでいるためのコツでもある。ほかの飲み物にはカロリーがあるけれど、水なら余計なカロリーを摂らなくてすむ）。

マダム・シックはいつもお水を飲んでいた。朝食のときには紅茶を1杯。家でディナーパーティーを開くときは、ほかのみんなが食前酒にウィスキーを飲んでいても、マダムはトマトジュースを飲んでいた（ウィスキーを飲んだほうが楽しいに決まってるけれど、マダムの肌はとてもきれいなのに、あのころのわたしの肌はきれいじゃなかった）。

お酒の量もなるべく減らすこと――とくに甘いカクテルはよくない。マダム・シックはほとんどお酒を飲まなかった。たまに夕食のときにワインを飲むことはあっても、しょっちゅうではなかった。マダムはアルコールを摂らないから水分不足にならず、それもあってあんなに若々しい肌をしていたのかもしれない。もし夕食には毎晩欠かさずワインを飲むようなら、食前と食後に水をたくさん飲んで水分を補うこと。

わたしは寝る前に、レモンをひと切れ搾った水を1杯飲むのが好き。レモンには解毒作用があり、胃のムカつきを抑える効果がある。夜はコーヒーを飲みたくなっても、代わりにお湯にレモンを搾ったものを飲むことにしている。レストランでも同じで、ほかのみんなが食後にエスプレッソを飲んでいても、わたしはレモン入りのお湯。レモンのおかげで穏やかな気分になるので、寝る前にはやっぱりカフェインを摂らなくてよかった、とうれしくなる。

フルーツと野菜もたっぷり摂ろう。抗酸化物質のおかげで肌がきれいになるだけでなく、水分も豊富に含んでいるため、肌への水分補給に役立ってくれる。

マッサージを定期的に受ける

マッサージも大切なスキンケアの一部。上手なマッサージはストレスを和らげるだけでなく、体の中から毒素を取り除いてくれる。マッサージの効果を最大限に高めるには、施術後にお水をたくさん飲むこと。マッサージはプロに頼んでも、夫や恋人に頼んでもいいけれど、定期的に受けるようにしよう。

ロサンゼルスにはフットスパの素敵なサロンがたくさんあって、1時間の全身の指圧とリフレクソロジーマッサージが、25ドルで受けられる。料金がとても手頃なので（チップを多めにあげたとしても安い）、わたしはなるべく週に1回は通っている。マッサージを定期的に受けるようになってから、ストレスが明らかに減ったし、肌の状態も目に見えてよくなった。マッサージを手頃な料金で受けられる場所がない場合は、ちょっと工夫してみよう。たとえば、今度ネイルサロンでマニキュアをするときは10分間のマッサージも頼んでみるとか、近くの整体スクールを探して、そこの生徒にディスカウント料金でマッサージをしてもらうのもいいかもしれない。

Le Recap まとめ

＊清潔感のある美しさには、「ナチュラルメイク」がぴったり。
＊その日の予定と服装に合わせて、どのメイクにするかを決める。
＊楽しみながらいろんなメイクをしてみよう。ときにはいつもとちがうメイクも試して。
＊何よりもお水をたくさん飲むようにする。カフェインやアルコールはほどほどに。
＊マッサージを定期的に受ける。プロでも、家族や恋人に頼んでもOK。
＊いちばん大事なのは、お肌がどんな状態でも、自分らしく満ち足りて過ごすように心がけること。それがあなたを最も魅力的に見せるコツ。

いつもきちんとした装いで

ホームステイの初日、瀟洒《しょうしゃ》なアパルトマンに目を瞠《みは》ったわたしが次に驚いたのは、ホストファミリーの装いが美しいことだった。到着後、リビングに通され、ムッシュー・シックとマダム・シックとあいさつを交わしながらふと気づいたのは、土曜日の朝だというのに、ふたりともドレスアップしていることだった。きっとわたしを歓迎するために、わざわざおしゃれをして迎えてくれたのだろう、とそのときは思ったのだけど、そうではないことはやがてすぐにわかった。彼らはいつも他の誰のためでもなく、自分自身のためにおしゃれをしていたのだ。

完璧な身だしなみできちんとした装いに身を包んだ彼らは、とても素敵な家族だった。23歳の息子さんでさえ、いつもちゃんとした服装をしていたほどだ。ホームステイの半年間、家の人がスウェットやパジャマ姿でうろうろしていたことなど、一度もなかった。

マダム・シックのふだんの装いは、ブラウスかセーターにスカート、それに高級な革のパンプス。外出するときにはシルクのスカーフで華を添え、お似合いのキルティングコートを着る。場合によっては、テーラードジャケットを着ることもあった。

ムッシュー・シックの装いは、ボタンダウンシャツやカシミアのセーターにズボン(仕事のときはいつもスーツだった)。息子さんは、ボタンダウンシャツやセーターにジーンズを着て、仕立ての良いローファーやレースアップの革靴を履いていた。もちろん言うまでもなく、シャツの裾はいつもズボンのなかに入っていたし、ズボンを腰で穿いて下着が見えているなんて一度もなかった(若い男性のあいだで流行っているけど、あれはやめてほしい!)。あの家で暮らした半年間に、家族の誰かがTシャツを着ていたことも一度もなかった。たぶん紳士用の下着以外、あの家にはTシャツなんてないにちがいない。

マダム・シックの一家は、たしかにいい服を着ていたけれど、彼らのおしゃれは、たんにいい服を身に着けるだけのことではなかった。彼らはいつも身だしなみを整え、手入れの行き届いた靴を履き、とても礼儀正しかった。つまり、装いにも人に対する態度にも気を配っていたのだ。

たいていの人は(わたしもそうだけど)、朝、髪をとかして、大急ぎでTシャツとジーンズを着て、時間通りに家を出るだけで精一杯なんて日もあるだろう。けれどもマダム・シックの一家も、わたしたちと同じように慌ただしい日常生活を送っていた。ムッシュー・シックも息子さんもフルタイムで働いており、マダム・シックはパートタイムの仕事を持ちながら、家のことも全部やっていた。彼らだって忙しかったのだ！　にもかかわらず、家族の一人ひとりが、いつもきちんとした装いを心がけていた。

いつもきちんとした装いと言っても、やたらと手間をかけたおしゃれをすることではない。入念にメイクして、髪をアイロンでストレートにするのに1時間もかかったせいで遅刻しそうになるなんて、マダム・シックにはあり得なかった。むしろそれとは正反対。マダムは自分に似合うスタイルを知り尽くしていたから、何を着るかで悩むこともなく、組み合わせもさっと決めることができた。髪も手入れのしやすいシンプルなスタイルで、メイクもほんの薄化粧だった。

ケイリー・グラントとオードリー・ヘップバーンが映画のトップスターだったその昔は、人びとはいつもドレスアップしていた――昼夜を問わず、旅行のときも、寝るときも、近くの店におつかいに行くときまで。いったいアメリカの社会はどうなってしまったのだろう？　いまではもう昼間にきちんとした服装をしている人なんて、めったに見かけない。男性は裾を切りっぱなしのパンツを腰で穿き、女性はトレーニングウェアにビーチサンダル。お腹の肉がジーンズからはみ出していたり、ブラの肩ひもが見えたり、ヒップ周りが丸出しになっていたりするのも当たり前。95歳のおばあさんみたいに聞こえるかもしれないけれど、つぶやかずにはいられない。

「いったい世の中どうなっちゃったの?」

そう言うわたしも以前は「カリフォルニアに住んでるから」なんて言い訳をして、ゆるっとしたTシャツにビーチサンダルで歩き回っていた。いまでもたまにはそんな格好のときもあるけれど(子どもと遊び場に行くときとか、朝6時に犬の散歩に行くときとか)、毎日なるべくきちんとした服装を心がけている。みんなマダム・シックの一家と同じように、あらたまった装いをするべきだ、なんて言うつもりはないけれど(ジーンズはわたしのワードローブで活躍中のアイテムだし)、わたしたちもぜひ彼らの精神を見習って、自分自身のために、そしてその日に会う人たちのために、装いと身だしなみに気を配るべきだと思うのだ。

わたしはフランス映画を観るのが大好き。テーマが面白いし、商業主義が感じられないのも清々《すがすが》しくて、なんと言ってもフランス映画がいちばん好きだ。あなたもフランス映画を観ることがあったら、女優たちに注目してほしい。ほとんどの場合、女優たちはきちんとした装いをしているけれど、やりすぎのおしゃれはしていない。

たとえば、エマニュエル・ムレ監督の映画『キッスをよろしく』では、女優のヴィルジニー・ルドワイヤンは、（監督がみずから演じる）親しい男友だちと不倫関係にある女性を演じている。その女性はイタリア人の夫のことも愛しており、夫を傷つけたくないので、ずっと胸が張り裂けそうな思いに苛《さいな》まれる。道徳的に良いか悪いかは別問題として、ルドワイヤンは全篇を通してきちんとした装いをしているが、やたらと手の込んだおしゃれではない。むしろその服装を見れば、あまり外見をかまっている余裕がないのがわかるくらいだけれど（なにしろ心配ごとが山ほどあるから！）、そんなときでも、なるべくきちんとした装いをしようと心がけているのが伝わってくる。

さてわたしたちは、どうしたらそんなふうに、いつもきちんとした装いができるようになるだろうか？

誰に会っても自信を持っていられるように

「ちょっと買い物に行くだけだから」なんて言い訳をして、だらしない格好で出かけないようにしよう。誰かに会うわけじゃないし、と思うかもしれないけれど、それが意外と会ってしまうものなのだ——それも元カレや意地悪な知り合いに。それに、いい加減な服装で出かけたときに限って、なぜか大事な人に会ってしまったりする。そんなとき、わたしはひどい格好をしている自分に猛烈に腹が立つあまり、しどろもどろな会話しかできなくなってしまう。

じつは、うちの近所の同じ通り沿いに、ミステリアスな男性が住んでいる（第11章「ミステリアスな雰囲気を漂わせる」に登場する）。わが家はメゾネット式の共同住宅で庭がないので、飼い犬のギャッツビーのトイレを兼ねて、1日に何度か散歩に連れて行く必要がある。もちろんギャッツビーの〝トイレ休憩〟はこちらの都合など関係ないので、寝起きでも寝る前でも、外に行きたいとせがまれる。だからたまに、パジャマで散歩に出ることもあるのだ——いちおう上からコートを着て隠してはいるけれど。

いつもなら散歩のときもきちんとした格好で出かけるように心がけているのに、そうじゃないときに限って（たとえばパジャマのズボンの裾をひざまでまくって、素足にスニーカーのときとか）、どういうわけか必ず、絶対に、例のミステリアスな近所の男性に出くわすのだ。これもマーフィーの法則みたいなものかもしれない。

つい先日も、そんなことがあったばかりなのだ。わたしはジーンズをひざまでまくりあげて（バルコニーで植木の世話をしていたので）、ガーデニング用の靴を履いて、ノーメイクで髪もぼさぼさのまま、ゴミ捨てのためにちょっと家の外に出た。そして、まさにゴミを捨てようとしていると、誰が角を曲がってきたと思う？　またしてもあのミステリアスな男性だったのだ！　なるほど、マダム・シックは近くのお店にバゲットを買いに行くだけでも、ちゃんと口紅を塗って、シルクのスカーフを巻いて出かけていたわけだ。本当に、いつ誰に会うかわからないのだから。

でも、たとえ知り合いに会わなくても、やっぱり自分のためにきれいにしておいたほうがいい。わたしは街なかでおしゃれで素敵な人を見かけると、いつもはっと目を奪われてしまう。そういう人を見かけただけで、何だか1日が楽しくなる。

サンタモニカ（カジュアルウェアのメッカ！）でもたまに、フランス人男性のような着こなしの男の人を見かけることがある――ボタンダウンシャツとブレザーに、テーラードパンツかジーンズ、足もとは柔らかい革のローファー。髪は短く刈られて、ひげもきれいに剃られ（あるいは格好よくうっすらと生やして）、サングラスをかけて。そんな人を見かけると、わたしはもう、わくわくしてしまう！

素敵な人といえば、うちの前の通りを毎朝のように自転車で通っていく若い女性がいる。近くのモンタナ・アベニューの不動産会社に勤めている人だ（なぜ知っているかと言うと、自転車にその不動産会社のロゴのプレートが貼ってあるから）。いつもすごくおしゃれで、まさにビジネスカジュアルの完璧なお手本。たいていはテーラードジャケットとスカートを着て、首回りにはスカーフをおしゃれに巻き、バレエシューズを履いて、美しいブロンドのロングヘアを風になびかせている。このあいだは、ジャケットにライダースパンツとブーツを合わせて、スカーフとサングラスをしていた。いつだってとびきりおしゃれなのだ！　彼女のおしゃれな姿を見るのは本当に楽しい。だからあなたも、とくに理由なんかなくても自分のためにおしゃれをして、わたしみたいなピープルウォッチャーの目を楽しませてほしい！

第一印象を操作する

第一印象はずっと残るもの。だからこそいつもきちんとした服装を心がけていれば、いつ誰に出会っても、ヘンな格好で相手の印象に残ってしまう心配はない。わたしたちはいつどこで、誰に出会うかわからない——将来の結婚相手や同僚や友だちになる人に、いつ出会うかはわからないのだ。

誰でも素敵な人に出会ったら、相手にも自分のことを魅力的だと思ってもらいたいはず。自分をきれいに見せる努力を怠らずにいれば、余計な心配もしなくてすむから、自然と魅力的になって、最高の第一印象を与えられるようになる。

イケてない服は一着も持たない

着古した服や傷んだ服、似合わない服は全部捨てること。もったいないと思って取っておいても何の役にも立たないのだから、さっさと処分してしまおう。ひとり暮らしでも、くたびれた服や似合わない服を着てはダメ。ダサい服は一着も持たないようにすれば、ダサく見える心配だってなくなるのだから!

後ろ姿も必ずチェック！

毎朝家を出る前に、鏡の前で自分の姿をいろんな角度からチェックしよう。正面から見ればきちんとしていて素敵でも、後ろ姿は意外と格好悪いこともある。

先日、まさにそんなことがあった。娘とランチに出かけたとき、わたしたちの前をひとりの女性がさっそうと歩いていた。白いTシャツの上にジャケットを着て、栗色のカラーデニムを穿いている。右腕にはルイ・ヴィトンの大きなバッグ。けれどもパンツがきつすぎて、歩くたびにセルライトが浮き上がって見えた。さらに悲惨なことに、パンツのお尻の真ん中の縫い目にはっきりと見てわかるような穴が開いていたのだ！　その女性がふと振り返ったところ、ヘアスタイルも素敵で、メイクもちゃんとしていたから、かなり外見を気にしているはず。まさか、後ろ姿があんなひどいことになっているなんて、思ってもみなかったにちがいない。

そのときすぐに思い出したのは、お尻に穴の開いたレギンスを穿いていた女性のことだった。ひょっとして、わたしも穴の開いたパンツで出かけたことがあったりして……そう思うだけでゾッとした！　あの人たちも、家を出る前に鏡の前で自分の姿をいろんな角度からチェックしていれば、あんな恥ずかしい格好で出かけなくてもすんだのに。

ラクなのにシックに見える旅行服

古き良き時代、かつて人びとがドレスアップして旅に出た習慣に立ち戻ろう。あまりにも有名な言葉だけれど、あえてつかわせてもらいたい——ガンジーが言ったとおり、変化を起こそうと思ったら、まずわたしたちが変わらなければ（もちろん、ガンジーがあんな名言を残したのは、「飛行機で旅行するときもおしゃれをしよう」なんてスローガンのためじゃないけど、言いたいことはおわかりでしょう?）。

それにドレスアップと言っても、窮屈な装いのことではない。旅行のときは着心地がよくて、しかもシックな旅行服を着よう。黒のニットデニムにドルマンスリーブのトップスとバレエシューズを合わせて、パシュミナを巻けば、ジャージーの上下にテニスシューズと同じくらい着心地はラクだけど、ずっとおしゃれで素敵。あるいはドレスやスカートを着て、寒さよけにカシミアのストールを機内に持ち込んでもいい。

男性ならジーンズに、ボタンダウンシャツとVネックのカシミアセーターを着て、スウェードのローファーが素敵（この組み合わせがたまらなく好き！）。旅行のときも洗練された上品な装いをしていれば、ひょっとして、飛行機の座席もアップグレードしてもらえるかもしれない（最初からファーストクラスに乗っている人はともかく！）。

旅行中、Tシャツとジーンズでも素敵に見せる方法はある。去年、旅先のバルバドスからの帰国便にチェックインするため、空港で夫と列に並んでいたとき、ファーストクラスのチェックインを待っている女性を見かけた。ジーンズ（と言ってもデザイナー物で、穴の開いていないきれいなジーンズ）を穿いて、白いTシャツの裾はなかに入れ、〈クリスチャン・ルブタン〉のクロテンのヌバック革のハイヒールを合わせて、サングラスとゴールドの時計をしている。ヘアスタイルはおしゃれなポニーテール。カジュアルでラクそうな装いでありながら（ハイヒールだけは別だけど――足が痛そう！）、Tシャツにジーンズというラフなスタイルに小物を上手に組み合わせてきれいに着こなすことで、ラグジュリアスな雰囲気に見せている。

それに、きちんとアイロンのかかった白いTシャツの裾をジーンズのなかに入れているせいで、だらしない感じがしない。ジーンズのサイズはぴったりで、あれはたぶんオーダーメイドのはず。きっと飛行機に乗り込んだらすぐにルブタンは脱いで、バレエシューズに履き替えたにちがいないけど――どうかしらね。

「もったいないから今度着る」はダメ！

せっかく買ったのに、「もったいないから今度、大事なときに着よう」なんて思って、まだ袖を通していないブラウスがある？　もちろん特別なときに着るのもいいけれど、それまでは歯医者にだって着て行こう――汚れないようにちゃんと前掛けをしてくれるし、もしかしたら待合室で昔の友だちにばったり再会するかもしれない！

素敵なナイトウェアを手に入れる

1日が終わって、もう人に会うわけじゃないからといって、だらしない格好をするのはやめよう。新婚さんでも、銀婚式を迎えた人でも、あるいはルームメイトと住んでいても、独身のひとり暮らしでネコにしか姿を見られなくても、素敵なルームウェアやナイトウェアを着よう。

ガウンは素晴らしいアイテムで、いまではもうあまり着る人がいないのは、とても残念。わたしはアガサ・クリスティの「名探偵ポワロ」が大好きで、とくにデヴィッド・スーシェの演じるポワロがお気に入り。古き良き時代が舞台のポワロシリーズで、真夜中に殺人事件が起きて、容疑者たちが寝間着のまま応接室に呼び集められたりすると、わたしはうれしくなってしまう。そういう場面では、みんな決まって素敵なガウンを着ているのだ——女性たちは美しいキモノ風のシルクのガウン、男性たちは厚手のキルト地のガウンを着ている。

わたしはガウンが好きで、何枚も持っている。夜中にガウンも羽織らずにパジャマでふらふらしていると、服を着ていないような気分になってしまう。だから、夫がまだ帰宅しておらず、子どもたちが寝ているときでも、わたしはパジャマの上に必ずガウンを着ている。

でも、ガウンを着てしまえばパジャマは適当な古着でも大丈夫、ということではない。男性なら、やっぱりボタンダウンのパジャマが素敵。女性の場合は、もっとバラエティを楽しめる。ふつうのパジャマのほかに、きれいなスリップやロングネグリジェもあるし、レースをあしらったシュミーズもある。もちろん、マリリン・モンローみたいに裸で寝るのもいいけれど、その場合は絶対に忘れずにベッドの脇にガウンを置いておこう。だって、いつ何が起こるかわからないから——真夜中に地震や火事が起きたら、一糸まとわず枕を抱えて表に飛び出すわけにはいかない！

　マダム・シックは床まで届く長さのパステルカラーのガウンを着ていた。そういえばマダムのパジャマはガウンですっぽり覆われていたので、一度も見たことがない。ムッシュー・シックや息子さんのパジャマ姿も、やはり一度も見かけなかった。ふたりとも寝室以外の場所では、昼間の格好をしていたから。あなたも、自分にはどんなナイトウエアがぴったりか考えてみよう。パジャマについてはもっと語りたいこともあり、マダム・シックがわたしのパジャマをどう思ったのかもお話ししたいけれど、それは第９章「いちばん良い持ち物をふだん使いにする」まで、お楽しみに。

作りこまないヘアスタイル

　髪が整っていると、全体的にきちんとした感じに見える。「整っている」と言っても、超ストレートとかやたらと凝ったヘアスタイルではなくて、その人に似合った、その人らしいヘアスタイルのこと。マダム・ボヘミアンヌは、ワイルドなカーリーヘアだった。定期的にカットするその髪は、いつもふんわりと波打っていて、（ボヘミアンスカートと同じく）いかにも彼女らしかった。作りこんだ感じのしない自然なスタイルで、自分で簡単にスタイリングできるようにカットされていた。マダム・シックの場合も同様で、ヘアスタイルは典型的なパリジェンヌ風ボブ。手間のかからない、簡単にまとまるスタイルで、いつも同じだった。ヘアアイロンで巻いたり、エクステやスプレーを使ったり、逆毛を立てたりもしない。もちろん特別なときには、そういう凝ったヘアスタイルにするのも楽しいけれど、毎日そんなことをしていたら、時間がかかってどうしようもない。

美容室でお気に入りのスタイリストを見つけて、いつでも気軽に相談できるようにしよう。腕のいいスタイリストなら、あなたの髪質にぴったりのカットをして、毎日家でも簡単にセットできるヘアスタイルにしてくれる。もしわたしと同じようなパサつきがちな髪なら、毎日シャンプーする必要はないと知るだけでも、ずいぶん気がラクになるはず。1日おきか3日に1回くらいでちょうどいい感じだ。

いつも服装や身だしなみを整えておくのは、敬意を表すということ——自分自身に対して、そして家族や恋人はもちろん、日常生活であなたが出会うすべての人に、敬意を表すことなのだ。

Le Recap まとめ

＊自分自身や周りの人たちのために、毎日きちんとした装いをしよう。

＊第一印象はとても重要だということを、くれぐれも忘れずに。

＊だらしない格好をしないようにする。古い服や似合わない服は、処分するか手放すこと。

＊家を出る前に、鏡の前で全身をチェックする。

＊飛行機で旅行するときは、旅行気分を高めるために素敵なおしゃれをしよう。ひょっとしたら、座席のアップグレードをしてもらえるかも。

＊「もったいないから」といい服を着ないで取っておくのはやめよう。思い立ったが吉日。さっそく今日、着てみよう。

＊自分のライフスタイルにふさわしく、自分で簡単にスタイリングできるヘアスタイルにする。

＊身だしなみを整えるのは、必須のマナー。

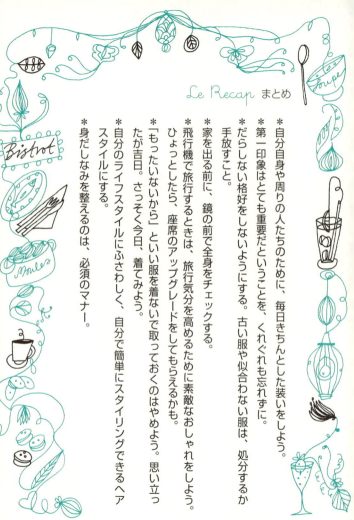

Chapter 8

女らしさを忘れずに

パリで暮らす以前のわたしは、女らしくなりきれずにいた。おてんばではなく、むしろ女の子らしいものが好きだったけれど、自分のなかに潜んでいる女らしさを思いきり素直に表現したら、どうなってしまうのだろう――そう思うと不安だった。当時のわたしは姿勢が悪く、髪のカットも野暮ったくて（やたらと長くて、レイヤーも入っていなかった）、着ている服もダサかった。あのころはまだ、洗練された趣味とはほど遠かった。

けれどもパリに来て、そんなわたしに変化が起こった。マダム・シックを見ているうちに、気づいたことがあったのだ。マダムの持つ女らしさは、それまでわたしが考えていた「女らしさ」とはちがっていた。わたしにとっての「女らしさ」のイメージは、フリルたっぷりのドレスにハイヒール、みたいな感じだった。いっぽう、マダム・シックがいつも身に着けていたのは、スカートとシルクのスカーフと口紅だけれど、そのほうが何だかずっと女らしい感じがした。マダムは姿勢が美しく、いつも堂々として自信にあふれていた。わたしもあんなふうになりたい、と憧れた。

それからのわたしは、テレビのニュースキャスターや店員やウェイトレスやビジネスウーマンや小さい子どものいる母親など、フランスのさまざまな女性たちを観察するようになった。女らしく見せるテクニックは人それぞれちがっていたけれど、どの女性も自分の外見の魅力的なところを生かして、その人らしい女らしさを表現しているようだった。

つまり、自分のことを美しいと思えて自信を持てる部分があると、女性はとても女らしく見えるということにわたしは気づき始めた。突然、新しい世界がわたしの目の前に開けようとしていた。わたしも服やさりげないメイクでもっときれいになりたい、と思うようになった。女らしさに磨きをかけるには、ほかにどんな工夫ができるだろう？わたしのなかの女らしさを素直に解き放ったら、どんな感じになるの？

わたしたちの考える「女らしい美しさ」には、当然、文化の影響がある。わたしがこれから話すのは、わたしがフランスで見て感じたことだ。フランスの女性たちの女らしさは、とてもさわやかな感じがした。フランスの女性たちには、豊胸や付け爪や髪のエクステといったアメリカ流の女らしさは、やり過ぎに見えてしまう。フランスの女性たちはそれよりも、ありのままの自分らしさを生かしていた（もちろん、さりげない工夫はしていたけれど）。

女らしさの決め手は姿勢

フランスの女性は姿勢が美しい。もちろん、ベレー帽をかぶってだらけた姿勢でタバコを吸うボヘミアンタイプの女性もいるけれど（マダム・ボヘミアンヌはこの手のタイプではない）、そういう女性たちのことではない。わたしが言っているのは、フランスでふつうによく見かける、身のこなしが優雅な女性のこと。女らしい印象の決め手はやはり姿勢の美しさだ。そのせいで女らしさがぐっと増すことを、フランスの女性はちゃんとわかっている。

男も女も、姿勢がいいと素敵に見える。自信があって、自分をきちんとコントロールできる、魅力的な人に見えるから。姿勢がいいと言っても、背筋がピンと伸びた堅苦しい感じとはちがって、身のこなしが優雅で流れるような感じ――生き生きとしたその様子には、内面の自信がにじみ出ている。姿勢をよくして、肩を後ろに引いて胸を張り（ふんぞり返るのも変だけど、猫背にならないように）、肩の力を抜いてみよう。

姿勢の美しい人を見かけると、あなたも自然と背筋を伸ばしていないだろうか？　わたしもパリで暮らして以来、いつも自分の姿勢をチェックするのがクセになっている。背筋がすっと伸びてきれいに座っている人を見かけると、思わず座り直してしまう。きれいな姿勢は人にうつるのだ。

また、思わず姿勢を正してしまう場所もある。たとえば、美しい調度品で飾られた部屋では、背中を丸めて座ったりはしないだろう。マダム・シックのアパルトマンは、とても格調高い空間だった。オリエンタルな敷物《ラグ》や、アンティーク家具や、貴重な絵画で飾られたリビングルームで、アームチェアに寄りかかってだらしなく座るなんて、とても考えられなかった。やはり美しいものに囲まれると、自然と背筋を伸ばしてしまうものなのだ。

あなたの家もぜひ、姿勢がよくなるようなインテリアにしてみよう。家の中でもおしゃれをして姿勢よく座りたくなるように、美しい空間にするのだ。家の中がだらしなく散らかっていると、姿勢までだらしなくなる。どうやらわたしたちの体は、周りの環境に合わせて反応してしまうようだ。自分の姿勢が場所によってどう変わるかに注意してみよう。たとえば〈オテル・リッツ・パリ〉のロビーにいたら、自然と背筋を伸ばして座るだろう——そうせずにはいられないはずだ。逆に、散らかり放題の家を訪ねたら、思わずぞっとして身がすくんでしまうかもしれない。

けれども、いつもよい姿勢を心がけていると、周りの環境に左右されずによい姿勢でいられるようになる。姿勢を美しくすると、内側から力が湧いてくる。困ったことが起きたときや、怖気づいてしまったときは、背筋をすっと伸ばしてみよう。そのほうが凛として素敵に見えるし、前向きな気持ちになれるから。

自分を表す香水を見つける

わたしが初めてフランスへ行ったのは、18歳のときだった。父が夏のあいだカンヌで仕事をしていたので、両親と一緒に6週間カンヌに滞在したのだ。わたしにとっては初めてのヨーロッパで、まるでおとぎの国にいるような気分だった。南フランスは息を呑むほど美しかった——碧《あお》い海のきらめくコート・ダジュールは、魅惑的で贅沢な雰囲気にあふれていた。

　ある日、両親とわたしはグラースへ小旅行に出かけた。世界的に有名な香水の産地だ。わたしたちは工場見学に参加して、香水作りの技術についてさまざまなことを学び、ひとつの香水にはいくつもの香りの成分が複雑に調合されていることを知った。

　グラースへ旅行に行くまで、わたしは香水のことなんてあまり考えたこともなかった。たまに姉のお気に入りの香水、〈ランコム〉の「トレゾァ」をこっそり借りてひと吹きすることはあったけれど、「これがわたしのお気に入り」と呼べる香水は持っていなかったのだ。けれどもその旅行がきっかけで、香水やアロマの効果に対する興味が、がぜん湧いてきたのだった。

　わたしはお小遣いを貯めてお気に入りの香水を買おうと思った。わたしらしさが凝縮されたような香り——そして、わたしの女らしさを引き出してくれるような香りを。でもしばらくすると、わたしは香水の魅力を忘れてしまった。そして、フルーティな香りのボディスプレーなど、甘ったるい香りのものばかり使っていた。それから何年か経って、パリのマダム・シックの家にホームステイをしたときも、わたしはまだ本物の香水を使っておらず、お気に入りの香りも見つけていなかった。

　パリに来て、わたしも左右の頬にキスをするヨーロッパ式のあいさつにも慣れた。そうやってお互いの顔を近づけると、フランス人の友人たちがつけている香水やコロンの香りに気づくようになった。シプレー、オリエンタル、フローラル……誰もが自分らしい香りを持っているようだった。

パリの街を歩いていても、あちこちで香水の広告を見かけた。高級店のショーウィンドウにも、香水やコロンがディスプレーの主役のように美しく飾られていた。どうやらフランスの人たちは、香りを愛してやまないようだった。

それなのにがっかりさせてしまいそうで申し訳ないのだけれど、マダム・シックが香水をつけていたかどうか、わたしにはわからない——香りを感じるほどマダムのそばにぴったりと近づいたことがなかったから。マダムとわたしは改まった間柄で、めったに（初めて会ったときと、別れのあいさつをしたとき以外は）触れ合うことがなかったのだ。きっとマダムなら〈ゲラン〉の「シャリマー」のようなフランスのクラシックな香水をつけていそうな気がする——あくまでも想像にすぎないけれど。

パリでの留学生活を終えてカリフォルニアに戻ったわたしは、今度こそちゃんと自分らしい香りを見つけようと決心した。いいと思った香水のサンプルをいくつも試しながら、何カ月もかけてお気に入りの香りを探した。そうやってようやく探し当てたのが、

〈ステラ・マッカートニー〉の「ステラ」という香水で、何とも言えないフレッシュなローズの香りがした。

いろいろな香水を試すうちに、わたしがいちばん好きな香りはローズだと気づいた。花のなかでもとくにバラが好きだから（蘭も同じくらい好きだけれど）、やっぱりね、という感じだった。

それから何年もずっと「ステラ」を愛用していたけれど、その後、〈ブルガリ〉の「ローズ エッセンシャル」に乗り換えた（ときどき浮気して、〈ジョー マローン〉の「グレープフルーツ コロン」や「レッド ローズ コロン」をつけることも）。この本が出るころには、まったく新しいお気に入りの香りを見つけているかもしれない。わたしはいつだって素敵な香水を探し求めているから。

もしあなたらしいお気に入りの香りがまだ見つかっていないのなら、いろいろ試してみよう。まずは、自分はどんな香りが好きなのかを発見すること。知識の豊富なスタッフのいる大きなお店に行って、どんなタイプの香りに惹かれるかを話して、相談してみよう。そうすれば、あなたが好きそうな香りをいくつか紹介してもらえるし、試供品ももらえるかもしれない。

あせらずに、時間をかけて探してみよう。楽しみながらいろいろな香りを試して、心底好きになれる香水やコロンを見つけよう。「これがわたしよ」と思える香りを、うっとりと身にまとえるように。

ずっと愛用している香水が、いまも本当に自分らしいと言えるかどうか、数年おきに確認してみるのも大事。わたしたちは変わっていく――それにつれて、趣味も洗練されていくから。わたしは「ステラ」を何年も愛用し、ちょっと飽きたな、と思いながらもまだ使い続けていた。でもあるとき、新しく義理の家族になった女性が「ステラ」をつけているのに気づいて、ようやく別の香りを探す気になったのだ（わたしに言わせれば、家族のなかでふたりも同じ香りをつけているのはよろしくない！）。「ステラ」の香りは（やっぱり素敵だけれど）、もうわたしらしくない。そういうわけで、今度は〈ブルガリ〉の「ローズエッセンシャル」を選んだのだった。

誰かに会ってあいさつするときに（あるいは別れ際に）顔を近づけて、その人の好きな香りをかぐのは、言葉にできないほど素敵な感覚だ。誰かの香りを知るのは、大切な秘密を分かち合うこと――その人らしい女らしさを、そっと垣間見ること。

フランス女性の爪は短い

以前、アメリカのマタニティショップで会計に並んでいたら、レジ係の女性のド派手なネイルに気がついた（というか、目に飛び込んできた）。長いアクリルネイルで、3Dのアニメキャラがどの指にもくっついている！　ギラギラ、チカチカして、見ているだけで落ち着かない。でも、本人はそのネイルをものすごく気に入っているようだった。カギ爪でごきげんにレジを打ち、見せびらかすように手を動かしていた。あのネイルはわたしの好みじゃなかったけれど、彼女自身はとてもハッピーなのが伝わってきたし、ちょっぴり奇抜な方法であの人らしい女らしさを表現していた。やっぱり、人それぞれだ。

フランスでは、アクリルネイルを見かけた記憶がない。あの3Dアニメのネイルの女性も、フランスだったらちょっと変な人だと思われたかも。ほとんどのフランスの女性は（マダム・シックもマダム・ボヘミアンヌも）爪は短くて、透明か目立たない色、もしくは赤い色のマニキュアを塗っているだけだった。

わたしはなるべく2週間に1回はネイルサロンに行って、マニキュアとペディキュアをするようにしている。アメリカでは料金が比較的安いのだ（国によってはそうはいかない。イギリスでは、ちゃんとしたサロンでマニキュアとペディキュアをしたら、えらくお金がかかってしまう！）。

もしネイルサロンの料金が手頃な場所に住んでいるなら、定期的に通えば楽しいし、リラックスできる時間をすごせるだろう。サロンに通う余裕がなければ、自宅でマニキュアをする時間を作って、楽しんでやってみよう！　マニキュアは家でも簡単にできるし、リラックスできる時間になるはず（マニキュアの塗り方については、YouTube でわたしの動画「At Home Manicure（The Daily Connoisseur）」（自宅でできるマニキュア）をご参照のこと）。

わたしはふだんはナチュラルな感じが好みなので、爪はやすりで短く整えて、透明な色や薄い色、もしくは赤のマニキュアをしている。あなたも自分に似合う色を探してみよう。先日、友人のダーニャがネイルアーティストのマデリーン・プールに〝ロイ・リキテンスタイン風〟のマニキュアをしてもらって、得意になっていた。どの指にもリキテンスタインの絵画をまねたイラストが描かれていて、まさにミニチュアアート作品！　そんなふうに爪を小さなキャンバスに見立てるのも、ふつうにきれいにしておくのもいいけれど、楽しみながら、定期的に手のお手入れをしよう。

髪の手入れに時間をかけない

フランス人のヘアスタイルは、いたってシンプル。完璧なブローとセットで仕上げるヘアスタイルは、女性のおしゃれで最も手間のかかるものだろう。でも、フランス人のヘアスタイルはもっと気まま――遊び心があって、おおらかな感じだ。

いつでも気軽にプールに飛び込んだり、好きな人に髪をなでられたりしているような。髪質もやわらかそうで、くしゅくしゅっとしている。まちがってもこんな感じはしない――「やめて、触らないで！　完璧なセットが台なしになっちゃう！」

パリでいちばんよく見かけたヘアスタイルは、いかにもパリジェンヌっぽい、あごの長さのボブだった。マダム・シックも多くの女性と同じように、このボブにしていた。短めで飾り気のないスタイルだから、あまり女らしいイメージではないかもしれないけれど、じつはパリジェンヌ風のボブは、とても女らしいのだ。たしかに髪の長さは短いけれど、毛先がやさしく揺れる。

それに、このヘアスタイルならスタイリングにもあまり時間がかからないから、ほかのことがいろいろできそう。1日のなかで少しでも自由な時間が増えるのはうれしいし、とてもハッピーな気分になれるはず（そして、心からハッピーな気分でいれば、最高に女らしくなれる！）。

南カリフォルニア大学でフランス語を教えていた先生のひとりにフランス人の女性がいたけれど、ヘアスタイルはやはり典型的なパリジェンヌ風ボブだった。この先生は、女らしくてミステリアスで、いかにもフランス人だった。服装もとてもシンプルで——カラフルなニットのシャツかセーターに、ベーシックなスカートとローヒールの靴。まさにフランスのミニマリズムの典型だった。ノーメイクみたいなメイクで、アクセサリーも最小限だけ。シンプルなおしゃれのせいで、ブロンドのボブがとても映えて、彼女らしい美しさが際立っていた。

けれども、パリジェンヌ風ボブは誰にでも似合うわけではない。じつは……カリフォルニアに戻ったわたしは、ふと思いついた勢いでボブを試してみることにした。わたしの髪は量が多くてクセがあるので、美容室でいつもの男性スタイリストに「ボブにしたい」と相談したところ、「やめたほうがいいよ」と説得されそうになったのだけど、わたしはどうしてもボブにしたいと言い張った。さりげなくてシックな、パリジェンヌ風のボブにしたかったのだ。そうすればスタイリングにも時間がかからなくなるはずだし、新しいわたしのトレードマークにもなるかもしれない！

　ところが残念なことに、クセが強くて縮れがちなわたしの髪でボブにしてみると、おかしなマッシュルームみたいな形になってしまい——お世辞にも素敵とは言えなかったのだ。

　というわけで、わたしの場合はダメだったけれど、もしクラシックなパリジェンヌ風のボブにしてみたいと思ったら、ぜひ挑戦してほしい。わたしも一度は試してみてよかったと思っている。そうじゃないと、たぶんずっと諦めがつかなかっただろうから……。もしあなたがせっかく試すのなら、わたしとちがってボブがよく似合いますように！


　フランスで次によく見かけたヘアスタイルは、肩の長さの女らしいやわらかい感じのスタイルで、ストレートの場合もカーリーヘアの場合もあった。フランスの女性で超ロングにしている人はめったにいない。たぶんケアが大変だからだろう（サンタモニカに住んでいるわたしの友人たち、ベックスとアメリアは、とても見事な巻き毛のロングヘア。ふたりの髪は最高のコンディションで、とっても魅力的！　わたしの髪もあんなにきれいだったら、もっとロングにするのだけど）。

　フランス人のシンプルなヘアスタイルは、わたしの目にとても新鮮に映った。エクステとか、奇抜なカットとか、やたらと手の込んだヘアスタイルも見慣れているけれど、フランス人のナチュラルなヘアスタイルのほうが、ずっと女らしく見える。マダム・ボヘミアンヌのカーリーヘアはちょうど肩上くらいの長さだった。ワイルドで、さりげない感じで、彼女の性格によく合っていた――そのありのままの美しさは、彼女の女としての最強の武器のひとつだった。

わたしはいま、いろいろなヘアスタイルをして楽しんでいる。わたしの髪はクセ毛だけれど、ブローするときれいにまとまるのだ。だから、自然なクセを生かしてふわっとさせておくこともあるし、きれいにブローすれば3日くらいは持つ。髪を下ろしておきたくないときは、簡単なまとめ髪にしている。すっきりとしたポニーテールにしたり、シニヨンにしたり（いま流行りのスタイル）、ヘアクリップでハーフアップにしたり。特別なときは、ゴージャスな巻き髪にしたり（太めのカールアイロンを使う）、往年のハリウッド女優、ヴェロニカ・レイク風のウェービーヘアにしてみたり。

どんな髪型をするにしても――パリジェンヌ風のボブみたいに手間のかからないラクなスタイルでも、逆にもっと手の込んだスタイルでも、大事なのは自分がハッピーな気分になれること、そして自分で簡単にスタイリングができること。髪のスタイリングに時間や手間がかかりすぎるのは最悪だ。

自分にぴったりのヘアスタイルを見つけよう――自分らしいヘアスタイルをしていると、楽しい気分で1日を過ごしながら、いろんなことをがんばれる。素敵な髪をしたあなたは、とっても女らしく見えるはず。

やり過ぎは禁物

フランスのニュースキャスターを見ると、いつもほれぼれしてしまう。TV5MONDE《テーヴェーサンクモンド》などフランスのテレビ局の番組を観たら、わたしの言っている意味がわかってもらえるだろう。女性キャスターたちの女らしいことと言ったら！

彼女たちは胸の谷間を見せつけたり、脚をむき出しにしたりなんかしない（ロサンゼルスにはそういうキャスターがけっこういるのだけど）。ノーメイクみたいなメイクで、髪もやわらかそうな自然な感じ。ミニマルで洗練されたジュエリーを着け、シンプルでフェミニンな装いをしている。たとえば、ライラック色のカシミアのセーターに、シンプルなゴールドのネックレス、プラム色の口紅に、流れるような髪。ニュースキャスターはスターではないし、注目を浴びるべき存在でもない——あくまでも主役はニュースだから。キャスターはシンプルな装いのほうが、かえって威厳が感じられるのでは？

ごてごてと飾り立てた過剰なおしゃれをすると、その人らしい女らしさが消えてしまうのだ。だからやっぱりミニマリストなスタイルのほうが、わたしは素敵だと思う。ド派手な服や、ゴージャスな髪型や、ネオンみたいなアイシャドウや、きらびやかなジュエリーなんかより、その人らしい女らしさを感じたいから。服に着られてしまってはダメで、服を着こなさなければならない。飾り立てた過剰なおしゃれに慣れてしまった人は、ちょっと抑え気味にするだけでも、裸に近い格好みたいに感じるかもしれない。けれども、メイクは控えめに、ヘアスタイルもシンプルにして、洗練されたジュエリーを少しだけ着ければ、あなたらしさがもっと際立って見える。そうすると、目には見えないあなたならではの女らしさが、にじみ出てくる。

目には見えない女らしさ

これまでは目に見える女らしさについて語ってきたけれど、いちばん大切なのは、目には見えない女らしさ。自信、ユーモアのセンス、遊び心や冒険心――そういうものが、多くの女性たちが憧れる〝何とも言えない魅力《ジュ・ヌ・セ・コワ》〟を醸し出すのだ。いくら最高のサロンに行って、最高級の服を買って、完璧なネイルをしていても、それにふさわしい自信がなければ、何の意味もない。

パリで暮らしているうちに、持っているはずの魅力を十分に生かしていない自分、臆病になっている自分に気づいたわたしは、余計な自意識を少しずつ捨て始めた。たとえばわたしは髪を下ろさずに、後ろで縛ってしまうことが多すぎる。わたしの冬用のコートはぼわっとしたシルエットで、体のラインがきれいに見えない。わたしは街なかで興味を惹かれる異性に出会っても、臆病すぎて視線を合わせることができない。わたしは肌荒れが目立つのを恐れて、昼間は誰かと近距離で話すのが苦手――そういうさまざまなことが、わたしが魅力的な女性になるのを妨げていることに気づいたのだ。

あるさわやかな日、わたしはパリ11区のメトロの駅から学校へ向かって歩いていた。カールした長い髪をなびかせ、かすかに開いた唇にはプランタンで買ったばかりのリップグロスをつけて。「もう本当の自分を押し隠すのはやめよう」そう決心すると、足取りまで軽くなったような気がした――1歩ずつ進むたびに、自意識のベールを脱ぎ捨てて行くみたいに。やがて、ハンサムでおしゃれな男性が道の向こうで信号待ちをしている姿が目に入った。その人と視線が合った。歩き出したわたしはそっと彼にほほえみかけ、すれちがう直前ほんの一瞬足を止めて、彼と見つめ合った。灼《や》けつくような視線が絡み合い、時間が止まったみたいになった。やがて彼はやさしくほほえむと、感嘆をこめて言った。

「素敵だね」

わたしは何も言わずにほほえんで、また歩き始めた。とうとう自分の気持ちが素直にあふれ出ているんだと思うと、うれしくてたまらなかった。だって、あんなかっこいい人が、わたしの気持ちを言い当ててくれたから——もう本当に、最高に……素敵な気分！

Le Recap まとめ

＊どうしたら姿勢がよく見えるかを研究して、その姿勢がしっくりくるまで、つねに自分の姿勢をチェックしよう。

＊いろいろな香水を試して、自分らしい香りをひとつ選ぶか、気に入ったものをいくつか買ってみる。香水は暮らしを彩る大きな喜びのひとつだから、楽しみながら選んで。

＊爪は磨いてやすりをかけるだけでも、きれいにマニキュアを塗ってもいいけれど、手入れを怠らないようにする。

＊健康な髪と魅力的なヘアスタイルで、女っぷりはすごく上がる。

＊自信やユーモアのセンスや冒険心など、目に見えない女らしさがいちばん大切。そういうものを見失わないようにしよう。

Part 3
シックに暮らす

いちばん良い持ち物をふだん使いにする

ホームステイ初日の夜、わたしがこっそりおやつを探しにキッチンへ行こうとしたら、マダム・シックに見つかってしまったことは、第1章でお話しした。そのとき、マダムがわたしのパジャマを変な目で見ているのに気づいたのだけど、そのことでマダムに声をかけられたのは、1週間後のことだった。

問題のパジャマというのは、着古した白いスウェットパンツとTシャツ。ナイトウェアにはぴったりの組み合わせで、気に入っていた。スウェットは何度も洗濯して柔らかくなっていたし、故郷の大学のTシャツを着ているとくつろいだ気分になれた。1週間後、わたしがその格好でバスルームへ行こうとすると、マダム・シックに呼び止められた。マダムは心配そうな表情を浮かべていた。

「ジェニファー、それ、わたしがお洗濯のときにやってしまったのかしら?」

マダムが「それ」と言ったのは、スウェットのひざの部分に開いた穴のことだった（そういえば穴が開いていることは、さっき書き忘れたかも）。

「いえ、いえ」わたしはマダムを安心させようとして大声で言った。「もうずっと前から穴が開いてるんです！」

心配そうだったマダムの顔が、怪訝《けげん》な顔になった。「ひざに穴が開いているのに、どうして取っておくの？」

そのときのマダムの様子がいまでも目に浮かんでくる。マダムはキモノ風のシックなガウンを着て、髪は顔にかからないようにそっとなでつけてあった。

「そうですね」わたしはどぎまぎして答えた。「どうしてかな」

本当に、どうしてかさっぱりわからなかった。いったいどうしてこんな穴の開いたみっともないスウェットパンツを、カリフォルニアからはるばるパリまで（パリよ！）持ってきて、パジャマ代わりに着ているんだろう？　たしかに着心地はいいけど、わざわざパリまで持ってくるほどじゃない。恥ずかしさで消え入りそうになりながらも、はっと冷静になって考えている自分がいた。

あらためて自分の着ているスウェットパンツに目をやった。もう着心地がよさそうには見えなかった。それどころか、ただみすぼらしいだけ。思わずもう一度、素敵なガウンを着てスリッパを履いているマダム・シックの姿を見つめた。マダムならこんなにくたびれた服を取っておこうなんて夢にも思わないだろうし、ましてや旅行に持って行ったりよその家で着たりするなんて、絶対にあり得ないだろう。わたしも、もっと常識をわきまえなくては。

その日の午後、わたしは〈エタム〉のお店へ飛んでいって、ちゃんとしたナイトウェアを2着買った。クリーム色のボタンダウンのパジャマと、きれいなオレンジ色のレースのシュミーズ。あの白い穴開きスウェットパンツは、とうとうゴミ箱行きになった。

その夜、わたしは新しいクリーム色のパジャマを着て寝た。高いものではなかったけれど、わたしにとってはそれまで持っていたなかで最高のパジャマだった。だって、「パジャマ」として作られたものだから。それまではずっと、古いスウェットとぶかぶかのスクールTシャツを着て寝ていた。パジャマなんて、べつに何だっていい――古くなったものを適当に着ればいいと思っていたから。でも、かわいいパジャマを着てみると、とっても素敵な気分だった――なにしろ、これは寝るときのためだけに作られたものなのだ。

いちばんうれしかったのは、新しいパジャマが、あの古いスウェットパンツと同じくらい着心地がよかったこと。とても気に入ったし、夜寝るときしか着ないのも贅沢な感じがした。昼間や特別なときだけじゃなくて、わたしにはいつだってきれいな女性らしいものを身に着ける価値があるんだ——自分のことをそんなふうに大事に思ったのは初めてだった。

マダム・シックの一家は、朝起きてから夜寝るまで、いつもきちんとした格好をしていた（もちろんパジャマだって例外ではない）。でも、服の下に着ていたものは、どうだったのだろう？　さすがに彼らの下着について書くわけにはいかないので、憚《はばか》りながら下着にまつわる私自身のエピソードをご紹介しよう。

パリに着いて数日後のある朝、学校へ行く前に、マダム・シックが「洗濯物があったら出してね」と言ってくれた。帰宅すると、ベッドの上に洗濯した服がきれいにたたんで置いてあったが、なぜか下着が見当たらない。クローゼットのなかを見ても、やはりなかった。戸惑ったわたしは、マダムの顔を見たら忘れずに訊くために「下着はどこにあるか訊くこと」とメモに走り書きをした。

その晩は、わたしがこの家に来てから初めてのディナーパーティーが開かれることになっていた。部屋であわただしく身支度をしていると、ドアにノックの音がした。わたしはタイミングよく部屋を出て、マダムたちと一緒にお客様(洗練された年輩のご夫婦)をお迎えし、ごあいさつをした。そして、食前酒をいただくリビングルームへみんなで移動していたとき、わたしは急に、自分の下着がすぐ近くにありそうな——とんでもない場所に置いてありそうな、イヤな予感に襲われた。

ふと目を上げると、なんと廊下の向こうの天井から吊り下げられた洗濯ハンガーに、わたしの下着がいくつも干してあるではないか! そのときはまだ知らなかったのだが、フランス製の下着はデリケートで高級なので、マダム・シックはいつも下着だけは乾燥機にかけずに、ハンガーに干していたのだ。

情けないことに、わたしのパンティーときたら安っぽくて派手な色で、おまけに「*Drama Queen!*」(お騒がせ女!)とか「*No Chance!*」(絶対ムリ!)とか、しょうもないスラングがプリントされていた。わたしはそんなおバカな下着を持っている自分に腹が立って、もっとまともな下着を早く買いに行こう、と心に誓ったのだった。さいわいこの家の天井はとても高くて、キッチンへ続く廊下は薄暗かったので、わたしのダサい下着もお客様の目にはふれなかったはずだけれど……。

さて、「いちばん良い持ち物をふだんから使う」というマダム・シック一家のポリシーは、服や下着のことだけではなかった。これから見ていくとおり、そのポリシーは生活のあらゆる面に及んでいた。

素晴らしい家具に囲まれて暮らす

よその家を訪ねて、まるで美術館みたいな部屋に通されたことがあるだろう――ふだんから使っている様子はなく、整然と片付いて、その家の自慢の品々が誇らしげに並んでいる部屋。そういう部屋は、ふだんは家族でさえ立ち入り禁止のことが多い。貴重な家具や調度品を汚したりせずに、ぴかぴかに保つためだ。けれどもそういう部屋には誰も寄り付かなくなるので、いくら素晴らしい品々を持っていても、宝の持ち腐れになってしまう。

マダム・シックのパリのアパルトマンに置かれた家具は、どれも素晴らしいものだった。ある部屋にはアンティークの椅子を置き、別の部屋には子どもたちが犬と遊んだり散らかしたりできる大きなソファーを置く――そういうタイプの家ではなかったのだ。わたしたちは見事なペルシャ絨毯《じゅうたん》の敷かれたリビングで、布張りのアンティークの椅子に座り、壁に掛かった立派な絵画を眺めながら、クリスタルのタンブラーで食前酒を楽しんだ——それも毎日。

そうやって素晴らしい家具に囲まれていると、毎日の暮らしが最高に素敵に感じられる。わたしも自然と、自分の姿勢や装いや話し方など、さまざまなことに気をつけるようになった。

上等な食器をふだん使いにする

結婚祝いや記念日のプレゼントによくもらうのが、クリスタルのグラスや陶器。でもほとんどの家では、そういう食器は戸棚の奥でほこりをかぶってしまい、せいぜい年に2回、イースターやクリスマスのときに引っぱり出されるくらい。あとの363日は、ふちの欠けたお皿や不揃いのグラスで食事をする。それではあまりにも嘆かわしいと思うのは、わたしだけじゃないと思いたいのだけど。

マダム・シックの家では、いつもいちばん良い食器を使っていた。毎晩、テーブルには素晴らしい陶器とクリスタルのタンブラーが並んでいた。特別なときだけとっておきのグラスを使うなんてことはしない。いつだってクリスタルを愛用していた。彼らにとっては、自分たちのために特別なものを使うのは当たり前のことだった。それに、いちばん良い食器を並べると、ありきたりになりがちな食卓の風景も華やいで見える。そうすると、毎日が特別になって、贅沢な感じがした。

けれども、いつもいちばん良い食器を使ってしまったら、特別な日の食事でも特別な感じがしなくなってしまう、と思う人もいるかもしれない。その問題を解決するには、特別な日には何かいつもとちがうことをして、テーブルの雰囲気をがらっと変えてみること。たとえば、祖母から譲り受けた繊細なレースのテーブルクロスを掛けてみたり、ふだんはしまいっぱなしのスープチューリーン(数人分のスープを入れる蓋付きの容器)を出したり、素敵なフラワーアレンジメントで食卓を飾ったりしてみよう。

良い物以外は捨てる

ここでは、わたしの穴開きスウェットパンツがいい教訓になるだろう。マダム・シックだったら、絶対にあんなものは身につけない。くたびれてきたらすぐに捨てるはずだ(そもそも、マダムはスウェットパンツなんて絶対に買わないだろうけれど)。

ワードローブをチェックしたときと同じくらい厳しい目で、家じゅうを見回してみよう。あまり気に入ってないけどまだ使える、なんて思ってはダメ。「もったいないから、特別なときのために取っておこう」なんて悪い口癖もやめよう。みんなわかっているとおり、「特別なとき」なんてめったに訪れないのだから！

身近な人にもマナーをもって接する

マダム・シックの家の人たちは、日常のマナーにも非の打ちどころがなかった。「いつもいちばん良い物を使う」ポリシーは、家に迎えたお客様に対する態度にも表れていたのはもちろん、家族どうしの日々のマナーにも表れていた。

わたしたちは人前で、あるいは家にお客様を迎えたときは、良いマナーを心がけている。けれども、家族だけになると、思いやりもマナーもどこへやら、すっかり消え失せてしまう。たとえば、家のなかで離れた場所にいる夫に話しかけたいときに、わざわざ向こうへ行って話しかけるのは面倒なので、つい大声を張り上げて呼びたくなってしまう、なんてことはないだろうか。

じつは、わたしの場合、しょっちゅうなのだ。うちは4階建てなので、自分が1階にいるときに4階にいる相手と話そうと思うと、面倒なことになる。マナーなどおかまいなしに大声で夫の名前を叫んだとたん、自分のがさつな振る舞いに恥ずかしくなってしまうのだけど。エクササイズ代わりに4階まで階段を上って、用件を伝えに行ったほうが、ずっと気分がいい。

では、知らない人や、あるいはもっと困ったことに、知り合いに失礼な態度を取られた場合は、どうすればいいだろうか？　じつは、うちの近所に失礼な人がいるのだけど、お互いに犬の散歩に行くのでしょっちゅう出くわしてしまう。その女性に会うと、必ずむかっとすることを言われるので（そういう性格なのだろう）、思わずこちらも失礼なことを言い返したくなってしまう。たとえば、うちの犬が吠えたからと言って、その人がうちの犬をひどい言葉で怒鳴りつけたりすると、これくらいは言ってやりたくなる。

「この子はね、性格の悪い人はちゃんとわかるから吠えてるのよ」

でもそこをぐっとこらえ、こちらは失礼な態度を取らずに「あら、失礼」と言って、すっと反対のほうへ歩いて行く。どうせまた会うに決まっているので、やり返したりしないで、まともに振る舞っておいてよかった、と思うことになるのだ。きちんとしたマナーで振る舞っておけば、あとになって誰よりも自分が満足することになる。

一人のときこそ美しく振る舞う

わたしのお気に入りの新聞のコラムは、「フィナンシャル・タイムズ」ウィークエンド版の家庭欄に掲載されている、デヴィッド・タンの「人生相談」。このコラムでは、ミスター・タンが「資産、インテリア、エチケット、家のこと、パーティーなど、あなたのお悩み全般について」アドバイスをくれる。

ある週には、ある男性からの相談が載っていた。その人は、自分のガールフレンドが、誰かほかの人が一緒でもない限り、土曜日の朝でもテーブルセッティングをきちんと整えて朝食をとろうとしないのが不満だと訴えていた。彼女が言うには、お客さんもいないのにわざわざそんなことをするのは〝プチブル〟のすることらしい。

それに対するミスター・タンの回答は、「いつもいちばん良い持ち物を使う」というポリシーに、まさに相通ずるものがあった。ミスター・タンは相談者に対して、こうアドバイスした。「いつも素敵なテーブルセッティングを心がけましょう。ひとりで食事をするときは、とくに。そうすれば、どんな人たちと一緒に食事をしても、付け焼き刃だなんて思われません」

予算内でいちばん良い物を選ぶ

この章を読み終わったら、何もかも捨てて、新しいものを買い揃えたくなってしまっただろうか？　でもおまちがいなく、わたしが伝えたいのはそういうことではない。買い物をするときには、いちばん気に入ったものを買うにしても、予算内に収めることが大事。つねに自分たちの買える範囲内でいちばん良い物を選ぶのが賢明だ。やはり、なるべく質の良い物を買ったほうがいい。

でも、人によって好みはさまざまだから、なかには祖母から譲り受けたソファ（布を張り替えて、クッションを新調した）がいちばんの宝物、ガレージセールで見つけた食器のセットが最高にお気に入り、という人もいるだろう。わたしはなにもエルメスの食器を買ってふだん使いにしよう、なんて言うつもりはない（もちろん、素敵でしょうけど）。エルメスの食器が買えるなんて、うらやましい限り！　でもエルメスの食器が買えなくたって、まったく問題ない。品質の良い食器は、さまざまな価格帯で見つけることができるから。

必要なのは、下調べと品質を見きわめる確かな目。うれしいことに、いつも自分なりにいちばん良い物を使っていると、自然と目が肥えて、品質を重視するようになる。

いつもいちばん良い物を使って、毎日を素敵な気分で過ごそう。持ち物も振る舞いも、最高のレベルを目指そう。そうすれば、ありふれた日常が特別になって、人生がもっと面白くなるから。

Le Recap まとめ

＊いちばん良い物を「もったいないから」と取っておくのはやめる。毎日いちばん良い物を使おう。
＊家でいちばん良い部屋は、特別なときや来客用にしないで、どんどん使おう。いちばん良い部屋こそ自分たちで使うべき！
＊家を掃除してきれいに片付け、良い物だけ取っておくようにする。
＊何かを買うときは、予算内でいちばん良い物を買おう。収入以上の出費をしないように、いつも予算を頭に置いておく。
＊いつも良いマナーを心がけよう。とくに身近な人たちに対しても忘れずに。
＊毎日、ひとりのときでも、自分らしく生活を楽しむための工夫をしよう。そうすることで、素敵な暮らしのセンスが身についていく。

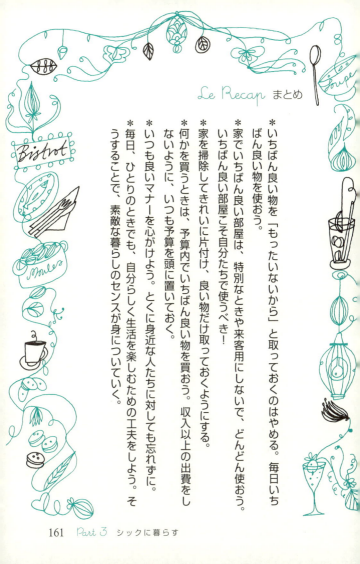

Chapter 10

散らかっているのはシックじゃない

大げさではなく、マダム・シックの家には散らかっているものが何ひとつなかった。目を通していない郵便物がキッチンのテーブルに積み重なっていたり、玄関を入ったところに靴やコートがあふれ返っていたり、レシートやテイクアウトのメニューや小銭がコーヒーテーブルの上に散らかったりしていたことは、一度もなかった。ムッシュー・シックのスリッパが、玄関前の廊下に脱ぎ捨てられていたこともなかった。

あの家では何もかも置き場所が決まっていて、わたしが滞在していた半年間に、決まった場所以外に物が置いてあったことなど一度もなかった。あれはひょっとして、玄関ホールの壁にずらりと並んだ、威厳に満ちたご先祖の肖像画のせいだろうか——家に入って来た者を品定めするような視線を送っているから。たしかに、わたしだってあんな厳《いか》めしい面々ににらまれたら、郵便物を玄関に置きっぱなしにしたりしないかも！

それとも、あの家がいつも片付いているのは、マダム・シックをはじめ家族全員が、素敵に暮らすことを大切にしているせいだろうか。散らかった家で暮らすのは、素敵に暮らすのとは正反対のことだから。やっぱり、散らかっているのはシックじゃない。

なぜ散らかってしまうのか？

「散らかり物」というのは、「家にあるけれどあまり気に入っていない物」とも言える。たとえば、大事な人からの贈り物でも、残念ながらあなたの家のインテリアには合わない物。はっきり言って、あなたの好みではないのに、相手の気持ちを傷つけてしまいそうで、捨てるわけにもいかない。あるいは、心の奥ではもう要らないとわかっているのに、感傷的な理由でいつまでも捨てられない物。そういうのは、「散らかり物」と言える。

それから、本来そこにあるべきではないものが、ごちゃごちゃと置いてあるのも「散らかり物」。キーや携帯電話や財布がダイニングテーブルの真ん中に置いてあるのも、目を通していない郵便物がいくつもピアノの上に置いてあるのも、「散らかり物」と言っていい。どういう物のせいで家が散らかっているのかは、だいたいわかっているはずなのだ。散らかっている場所を見るとイライラするので、おのずとわかる。

ただし、そうは言っても、余計な物を一切置かないことにこだわるあまり、家が個性も何もない、味気ない場所になってしまってはつまらない。なにも蒐集《しゅうしゅう》品や宝物まで「がらくた」扱いするつもりはないのだ。たとえば、あなたが大好きなイギリスのアンティークのお皿のコレクションがダイニングルームを飾っているなら、それは「がらくた」とは言わないだろう。肝心なのは、自分の気持ちに本当に正直になること。ただコレクションを充実させるために物を集めているだけなら、「がらくた」と呼べるかもしれない。ティーカップやコインやおもちゃの兵隊やトロール人形などは、際限もなく集めてしまうと、コレクションというより、やはり「がらくた」に近いだろう。トロール人形などは、熱烈なコレクターに譲ってしまってもいいのでは？　自分にとって重要なものとそうではないものを、きちんと見きわめよう。

あせらずに、時間をかけて

まず、家のなかで片付けるべき場所を決める。ワードローブの整理をしたときのように、時間をかけて取り組むのがコツ。無理をしていっぺんに片付けようとしないこと。張り切ってクローゼットの中身を全部引っぱり出したのはいいけれど、30分後にはうんざりしてやめたくなってしまったのに、まだ3分の1しか片付いていない――そんなのは最悪だ。

現実的になろう。1日にひとつずつ小さなタスクを片付けていけば（引き出しをひとつ整理する、書類の山をひとつファイリングする、クローゼットの一部分を整理するなど）、どんどんやる気が出て、次の日もがんばろうと思えるから。

物を買わない

新しい物を買って物を増やすのを控えてみよう。わたしたちは、買う必要のない物まであれこれ買い過ぎている。マダム・シックの一家は、あまり物を買わなかった。次々に新しい物を買わないので、あまり物が増えることもなく、収まるべきところにきちんと収まるのだ。このことについては、第12章「物質主義に踊らされない」で、詳しくお話しする。

家族にも片付けの習慣をつけさせる

マダム・シックはすべての家事を自分でこなし、掃除をプロに頼んだりもしなかった。だからと言って、夫や息子の散らかしたあとを必死に片付けて回っていたわけではない。マダムほどいつも穏やかで落ち着いている主婦は、見たこともないほどだ。それはあの家の男性陣が家をとても大事に思っていて、ちっとも散らかさないせいもあるだろう。ムッシュー・シックも息子さんも、散らかしたものは必ず自分で片付けていた。きっと、家のなかをいつもきちんと片付けておくコツを、マダム・シックが教えこんだにちがいない。とにかくふたりとも、物を散らかすどころか、何ひとつ置きっぱなしにしなかった。

もちろん、散らかさないようにするには、ひとり暮らしで自分が決めたルールに従って片付けるほうがよっぽど簡単だろう。でもそれではさみしいし、つまらない人生になってしまうかもしれない。だから、「片付けて!」といつも怒ってばかりいないで、パートナーや子どもたち、あるいはペットやルームメイトたちと、仲よく円満に暮らしていける方法を見つける必要がある。

では、偉そうな態度を取ったり、神経質にガミガミ言ったりせずに家族をしつけるには、どうすればいいのだろうか？　それには感じよく頼んだり、やさしくリマインドしたり、さりげなく手を貸すことが必要だ。「ちょっと、そういうだらしないことするの、やめてよ」なんて言い方をしたって、うまくいかないから（経験上、まちがいない）。

もし、感じよく頼んだり、やさしくリマインドしたりしても効果がないなら、家族会議を開こう。できれば紅茶とケーキを用意して、話し合いの場を持つのだ。そんなふうにあらたまった雰囲気を作れば、あなたの真剣さが家族にも伝わるだろうし、みんなで片付けるのも悪くない、と思うかもしれない。

決まりと規律のある暮らし

マダム・シックの一家は、さまざまな決まりを設けた規律ある暮らしを送っていた。物事を決まったとおりに行うことを好み、それを変えることはほとんどなかった。たとえば、ムッシュー・シックのパイプが、ある晩はサイドテーブルに置いてあったと思ったら、翌日の夜はキッチンのテーブルに置いてあった——なんてことはあり得なかった。

パイプの置き場所は決まっており、毎晩使ったあとは必ずそこに戻されていた。

家をきちんと片付けておくには、規律が必要だ。まずは、他人になったつもりで自分自身のクセを観察してみよう。たとえば帰宅したとき、あなたはいつも決まった場所にバッグを置いているだろうか？　それともあわただしく家に入ってくると、ついバッグを玄関ホールのクローゼットにしまうのを忘れて、コーヒーテーブルの上に置きっぱなし？　食器はどうだろう？　朝食のあとは、使ったシリアルボウルを食器洗い機に入れずに、そばに置いておくだけ？

そういうことは、自分で決まりを作って習慣にしてしまえばいい。たとえば、寝室用のスリッパを脱ぐ場所がいつもバラバラだとしたら、ベッドの足元など、スリッパの置き場所を1カ所に決めて、毎晩必ずそこでスリッパを脱ぐようにする。このように置き場所を決める方法は、靴やコート、新聞、雑誌など、どんなものを片付けるにしても便利だ。

物を決まった置き場所に戻すなんて簡単なことだし、置き場所が決まっていないせいで、いつも探し物に時間を取られることを考えたら、ずっと時間の節約にもなる。流し台のわきに置きっぱなしのシリアルボウルも、食洗機に入れるのは簡単で、そのほうがきれいに片付いたはずだ。シリアルボウルなんて、すぐに片付けてしまおう。

身の回り品の管理

重要なのは、カギや携帯電話、財布、サングラス、ハンドバッグなどが目につかないように収納できる場所を作ること。できれば玄関の近くにそういう場所があって、家に帰ったらすぐに身の回りの品をしまえるのが理想的。家のカギや車のキーもいつも決まった場所に置いておけば、探さなくてすむから便利だ。

マダム・シックの家では、誰かのカギや財布や携帯電話がどこかに置きっぱなしになっていたり、コーヒーテーブルに置いてあったりしたことは、一度もなかった。カギやハンドバッグをしまっておく場所を見つけるなんて、簡単だと思うかもしれないが――残念ながら、わが家の場合はそうではなかった。じつはこれがずっと悩みの種で、とてもイライラしていたのだ！

わたしたちが住んでいる集合住宅には、いわゆる玄関ホールがない。玄関のドアを開けるとすぐ正面に階段があって、2階のリビングに続いている。だからわが家の玄関には、毎日使うこまごまとした物をしまうための場所がないのだ。階段の上にクローゼットがあるので、そこならちょうどいいと思ったのだが、夫もわたしも帰宅するとつい持ち物をテーブルの上に置いてしまい、クローゼットにはしまわなかった。クローゼットにしまうべきだと思っていたのに、どうしてそうしないのだろうか？　わたしはその理由を探ることにした。

階段上のクローゼットには、物がぎゅうぎゅうに押し込まれていた。おびただしい数のコートやジャケットが掛かっていて、来客があってもコートを1着入れる隙間すらなかったくらいだ。しかたないから、来客のコートやハンドバッグは、ダイニングルームの椅子の背に掛けてもらうしかなくて、それがとてもイヤだった。しかも食事に招いたときなどは、全員がテーブルに着くとなったら、さすがに椅子の背のコートはどこかへ移動しなければならない。そういうすべてがわずらわしかった。

人を家に招いたら玄関でコートを預かって、クローゼットにきちんと掛けておけたらどんなにいいだろう、と思わずにはいられなかった。でも実際、お客様の前でうちのクローゼットを開けたりしたら、きっとテニスのラケットやら傘やらいろんなものが飛び出してきて、恥ずかしい思いをするに決まっていた。

本来なら、玄関のクローゼットには家族がいちばんよく着るコートだけを掛け、布ハンガーか木製のハンガーを4つほど、来客用に用意しておくべきなのだ。靴の収納にも要注意。うちではこのクローゼットに、家族が持っている靴を全部しまい込んでいた。まともに入りきらなくて掃除機の上にまで積み重なっていた（掃除機の置き場所はそのクローゼットしかないのだ）。だから、毎週お掃除の人がやってきて、クローゼットから掃除機を取りだすたびに靴の山が崩れ落ちてくるので、いつも悲鳴を上げていた（いい加減にしてよ！　と思っていただろう）。

わたしはとうとう覚悟を決め、クローゼットの中身を全部引っぱり出した。ご想像のとおり、大部分はゴミ箱行きで、あとはチャリティショップで売ることにした。古い旅行用の枕とか、レシートとか、10年前のUGGのブーツとか（！）、一度も使わなかったエクササイズ器具まであった。

クローゼットをきれいに片付けたあとは、ドアの内側に収納ポケットを下げて、いろいろな小物をしまえるようにした。何でもすぐテーブルの上に置くのをやめてクローゼットにしまうクセがつくまでにはけっこう時間がかかったけれど、いまではもうすっかり習慣になり、ダイニングテーブルも片付いて、いつでも使えるようになっている。

家のなかで散らかっている場所を意識し始めると、なぜか気になってしかたなくなる。引き出しの中がぐちゃぐちゃなのも、部屋の隅が散らかっているのも、以前は気にならなかったのに、突然、気に障るようになるのだ。わたしはお掃除の人にも手伝ってもらって、家じゅうの散らかった引き出しを片付けた。

しかし、最後まで片付ける気になれなかった引き出しがふたつあって――それこそ最も整理が必要な場所だった。わたしたちの寝室のベッドの両脇にはナイトテーブルがあるのだが、その引き出しは、コインやペンやライターや本や雑誌やカタログなど、いろいろなものが一緒くたになって、すごい状態になっていた。毎晩、わたしたちはそのぐちゃぐちゃな引き出しのとなりで8時間も眠っていたわけだ。ところがある夜、わたしはふと、自分の頭のすぐそばにあんなに汚い引き出しがあるのかと思ったら、眠れなくなってしまった。翌日、わたしはついに、その引き出しを整理した。

家を片付けておくその他のコツ

＊郵便物を整理するためにファイリングを習慣にする。
不要なダイレクトメールなどはすぐに古紙回収のリサイクル出し、請求書その他の重要書類は書類トレーやファイルに入れ（いつまでも出しておかない）、後日処理をする。

＊収納としても使える家具を買う。

わが家ではコーヒーテーブルとしても使える大きなオットマンを購入した。トランクみたいに中が開けられて、リモコンやゲームのコントローラーやＤＶＤなどをしまえるので、とても気に入っている。

すっきりと片付いた家で暮らしていると、とても満たされた気持ちになる。あなたには、美しい空間で素敵に暮らす価値があるのだ。あなたの持ち物も、しかるべき場所にきちんと収納される価値がある。きれいに片付いた家で暮らすことは、質の高い暮らしを心がけることでもある。そんな毎日の積み重ねは、やがて計り知れないほどの見返りで報われるだろう。

Le Recap まとめ

*家のどこを片付けるべきかを見きわめる。自分に正直になること。

*あせらずに、散らかっている場所をひとつずつ片付けよう。期限を決めてもいいけれど、無理にいっぺんに終わらせようとしないこと。

*クローゼットや引き出しやカップボードは整理しておこう。引き出しが不要な物でいっぱいになっているせいで、日用品をきちんとしまえない場合が多い。

*物を買う量を減らす。本当に必要な物しか買いに行かない。

*家族全員を片付けに参加させる仕組みを考える。みんなが同意して協力することが大事。

*散らかり物が山積みにならないように、郵便物の処理やファイリングはできるだけすぐに行う。

*規律ある暮らしを心がけ、何でも決まった置き場所に戻すようにする。

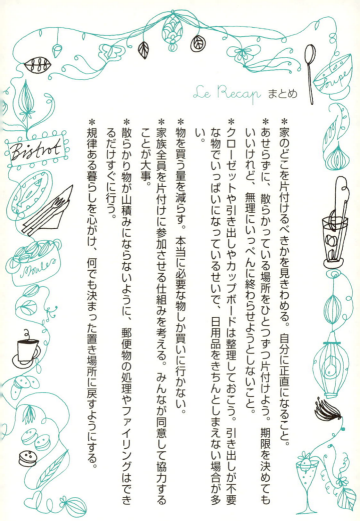

Chapter 11

ミステリアスな雰囲気を漂わせる

マダム・シックのアパルトマンでわたしが使っていた部屋は、中庭に面していた。中層階だったので、わたしの部屋の窓からは、中庭をはさんだ向かい側のアパルトマンの部屋の窓が真正面に見えた。その部屋の住人というのが、何ともミステリアスな男性で、どうやらわたしに興味を持っているようだった。

朝起きて部屋のカーテンを開けると、その人はいつもコーヒーカップを片手に窓の外を眺めていた（朝の飲み物にボウルを使わない人だったのだろう）。最初のうち、わたしは何だか恥ずかしくて、カーテンを閉じてしまったり、さっと隠れてカーテンの隙間から相手の姿を盗み見たりした。あるとき、それに気づいた彼はわたしに向かってほほえみ、コーヒーカップを高く持ち上げて見せた。

それ以来、そのミステリアスな隣人とのちょっぴりドキドキな関係が5カ月にわたって続いた。毎日ふとした瞬間に、わたしたちは窓越しに見つめ合っていた。彼がそっとほほえんで手を振ると、わたしもほほえみ返す。ときには、ふつうのあいさつとは言えないくらい、長く見つめ合ったりもした。たまに彼の部屋に女のひとが来ていたこともあって、窓からその姿がちらりと見えた。わたしはちょっぴりジェラシーを感じて、そんな自分に驚いた。どういうこと？　直接会ったことなんか一度もないのに。でもある意味、それがよかったのかもしれない。

その男性がとても魅惑的に思えたのは、その人のことを何ひとつ知らなかったからにちがいない。ミステリアスな雰囲気のある人で、わたしはあれこれと想像をめぐらせた。独身でまだ若いのに、16区に住んでいる。ひょっとして、売れっ子のミステリー作家とか、彫刻家とか。それとも映画の撮影技師かも！　そんなふうにあれこれと想像をめぐらせていたせいで、彼とほほえみを交わすといっそうドキドキした。これがもし、メールボックスの前でよく顔を合わせたりして、どんな人なのかわかったら、あんなに魅力的に感じなかったかもしれない。もし、バツ2で酒癖の悪い人だったら？　〝ちょっぴりドキドキな関係〟もその瞬間に終わってしまったはず！

けれども、もし本当に彼がバツ2で酒癖が悪かったとしても、そんなことをわざわざわたしに話したとは思えない。だって、フランス人はミステリアスな雰囲気を漂わせるのが好きだから。

フランス人はあまりプライベートなことは明かさない。知っている相手に対してでさえそうだから、ましてや見知らぬ他人にそんな話はしない。

ところが、アメリカでは大ちがい。わたしは出産して何カ月か経ったころ、自分へのごほうびに、マニキュアとペディキュアをしにネイルサロンへ行った。寝不足でくたびれ切っていたので、サロンに行くのが本当に待ち遠しかった。そして念願どおり、至福のひとときを過ごせたのだけど（マニキュア、ペディキュア、それに10分間の肩マッサージ……極楽！）、残念ながらその間じゅう、となりの席の女性が携帯電話で大声で話していたので、せっかくのひとときが台なしだった。

何を話しているかと思えば、昨夜のデートはこうだったああだった、マッチ・ドットコム（世界規模の大手婚活サイト）のステイタスはいまこんな感じで、銀行口座の残高はどんどん減っていくばかりで最悪、上司がイヤな奴で大きらい、などなど、こちらが聞きたくもないような話を、ベラベラとしゃべりまくっていた。彼女のプライベートの話は、電話の相手だけでなく、わたしにもサロンじゅうの女性たちにも筒抜けだった。

そんなことは、フランスでは絶対にあり得ない。

パリに住んでいたとき、フランス人が人前で携帯電話でプライベートな話をしていたことなんて、一度もなかった。心の秘密を打ち明けられるような親しい友人がいたとしても、ネイルサロンにいるときに携帯電話で話したりするわけがない（フランス人なら、携帯電話で愚痴をこぼしたりして寛ぎのひとときを台なしになんかしないで、マニキュアとペディキュアとマッサージをゆったりと楽しもうとするはず）。

まったくみっともない人ね、と思ってしまったけれど、ふとわが身を振り返ってみると、ミステリアスな雰囲気をまとうのは、やっぱりなかなか難しい。自分でも自覚しているのだけど、わたしもけっこう私生活のことをしゃべりすぎてしまう。会話中の沈黙が苦手なのと、相手を喜ばせたいサービス精神とで、ついおしゃべりになってしまうのだ。

沈黙は金

このあいだ中華料理のレストランで食事をしたとき、フォーチュンクッキーの中からこんなメッセージが出てきた。「沈黙は金」。たしかにそのとおりで、必要なときしか口を利かなければ、ミステリアスな雰囲気を醸《かも》し出せることまちがいないし。うっかり余計なことを言わないように注意して、伝えるべきことだけを話すようにすれば、あなたの言葉は力を持ち、重みを増す。

たとえば誰かに初めて会ったとき、あなたはどんな話をするだろうか？　気さくな人だと思われたくて、つい余計なことまでしゃべってしまうだろうか？

みんなで話しているときに、あなただけ私生活のことをあまり話さなかったりすると、「冷たい」とか「気取ってる」などと嫌味を言われるかもしれない。それでもかまわずに、自分のやり方を貫こう。他人にどう思われるかなんて気にしないこと。そんなことを言う人は、あなたのミステリアスな雰囲気が魅力的なので、嫉妬しているだけだから。

沈黙を楽しむ

あなたは沈黙になっても平気？　それともやたらにしゃべったり質問したりして、沈黙を埋めようとするだろうか？　わたしは沈黙がひどく苦手で困っている。相手が知っている人でも知らない人でも、会話の途中で沈黙になりかけると、とにかく気まずくならないように、くだらないことをしゃべったり、くすくす笑ったりしてしまう。これではまったくミステリアスどころじゃない！

しかし、ようやくわたしにもわかってきたのだけれど、沈黙になっても困ることなんてひとつもないのだ。それどころか、沈黙は心地よいものにさえなる。沈黙は気まずいなんて思い込んでいるから、そう感じてしまうだけ。わたしの場合、沈黙に慣れる練習を毎日欠かさないほうがよさそうだ。

うちの近所に何だかミステリアスな男性がいるのだけど（なぜかわたしはミステリアスな人とご縁があるらしい）、しょっちゅう旅行で留守にしている。この人はミステリアスな雰囲気を漂わせるのがうまくて、たまに会ったりすると、しばらく旅行に出ていたことをほのめかすのだけど、どんな仕事をしているとか、そういう話はいっさいしない（そしてフランス人よろしく、わたしもいっさい訊かない）。

この人と話していると、たびたび沈黙が訪れる。むこうはまったく気にならないようだが、こちらは落ち着かない。だからちょっとでも沈黙しそうになると、わたしはくだらない世間話をして甲高い声で笑ってしまう。べつにこの人に関心があるわけじゃなくて、相手が誰でも同じ。これはもう、わたしの持病なのだ。

そこである日、わたしはそのミステリアスな男性を相手に、自分もミステリアスな雰囲気を漂わせる練習をしようと考えた。ギャッツビーを朝の散歩に連れていくと、彼の姿が見えた。わたしはベビーキャリアで赤ちゃんを胸に抱き、ギャッツビーのリードを持っていた。赤ちゃんが夜泣きしたせいでひどい寝不足だったのだけど、きちんとした服装に見える裏ワザでごまかしていた（パジャマのうえにロングコートを着用）。気温が26度もあるのに冬用のコートを着て、赤ちゃんを抱っこして犬を連れているのだから、さぞかしおかしな格好に見えたにちがいない――でも、かまうもんですか。パジャマさえ見えなければ大丈夫。

会話はこんな感じで進んだ。

男性　「こんにちは」

わたし　「こんにちは」

〔長い沈黙〕

男性　「お元気ですか？」

わたし　「ええ、おかげさまで。あなたは？」

男性　「元気にやってますよ」〔また長い沈黙〕「調子はどうです？」

わたし　「いい感じよ」〔こちらも沈黙〕「最近お見かけしなかったけど、ご旅行だったんですか？」

男性「そうなんですよ。旅行に仕事に忙しくて」

わたし「あら、いいですね」〔また沈黙——やった！　やればできる！〕「お会いできてよかったわ」

男性「こちらこそ」

わたし「それじゃ、また」

正直言って、沈黙が続くたびに辛かったけれど、ぐっとこらえることができてよかった。たいしたことは何も言ってないけど、こういう場合はたいした話なんてしないのがふつうだろう。わたしのプライベートや毎日の生活をよく知っている、親しい友人たちが相手ならともかく、それ以外の人たちに対しては、ミステリアスなわたしでいたい。

だからこそ、この練習はわたしにはとても意味があった。いつものわたしだったら、沈黙の気配がしたとたん、ぎこちなく笑って天気の話をしたり、「ひどい格好でごめんなさい」なんて謝ったり、「娘の夜泣きがひどくて3時間しか寝られないから、もうゾンビみたいになっちゃって」なんてバカなことを言ったりしたはず。でも、とうとうミステリアスな感じでいられた。この調子でやってみよう！

何を話せばいいの？

ミステリアスな雰囲気を漂わせながら会話をするなんて、いったい何を話せばいいの、と思うかもしれない。その答えは、何でもＯＫ！　あなたの私生活に関すること以外なら、何だってかまわないのだ。

わたしはマダム・シックとマダム・ボヘミアンヌの家で、たくさんのディナーパーティーに参加するうちに、集まっている人たちがみんなとても魅力的に見えるのはどうしてだろう、と考えるようになった。最近観た映画の話や、ポンピドゥー・センターで開催中の展覧会のことや、哲学的なジレンマなど、さまざまな話題についていろんな人たちと会話を交わしながらも、お互いにどこの出身で、どんな仕事をしているのか、なんて話題にはあえてふれなかった。ときには話している相手の人たちの名前さえ知らないこともあった。

まさか、今度ディナーパーティーやカクテルパーティーに行ったら、ムッとして黙っていたほうがいい、などと言っているのではない。まったく正反対！　どんどん積極的に会話に参加しよう。アートや最近読んで面白かった本のことや、開催中のイベントや、最近観た映画の話をしよう。生き生きと面白い話をして、会話を盛り上げよう。どうも何となく、型どおりのつまらない会話になりがちではないだろうか（休暇はどうやって過ごしたの？　週末はどんな予定？　とか）。もっと自由で意外性のある、本当の会話を楽しもう――その効果はすぐに表れるから！

パーティーに来ている人たちは、みんなあなたに興味を持つだろう。それにいい意味で、とても話題の豊富な人だと思われるはず。よくパーティーに行くと、自分の悩みごとや最近驚いたことなど、とにかく延々と自分の話ばかりする人がいるけれど、あれほど退屈なことはない。そういう人はミステリアスとはほど遠いし、まちがってもマネをしないように気をつけよう。あなたはもっとミステリアスに振る舞って、「どんな人なんだろう」とみんなが興味を惹かれるように。

とにかく練習あるのみ。「最近なにか面白い本を読みましたか？」知り合ったばかりの人には、こんな質問が最適だ。どんな答えが返ってくるかで、相手の一面を知ることができる。もし相手の女性が答えに困っているようなら、もしかしたらあまり本は読まないのかもしれないし（そうしたら話題を変えたほうがいい）、あるいは、じっくり考えていただけで、面白い本を紹介してくれるかもしれない。そんなふうにして相手のことを知るのは、とても楽しい。

フランスでは、会ったばかりの相手の職業を尋ねるのは失礼だと思われる。その質問はやめよう。結局わからずじまいかもしれないし、相手が教えてくれるかもしれないけれど。でも、相手の職業なんて、本当に知りたいだろうか？　フランスでわたしの部屋の向かい側に住んでいたミステリアスな男性のことを思い出してほしい。あの人の職業がわからなかったからこそ、わたしにはとても魅惑的に思えたのだ。

それから、ほかの人のうわさ話に加わらないようにするのも大事。あなたのミステリアスな雰囲気が台なしになってしまうし、うわさ話なんてエネルギーのムダ使いだから。それでも、みんなでテーブルを囲んでいるようなときには、難しいかもしれない。たとえば、そこにいない人のうわさ話が始まったとき。あなたにはふたつの選択肢がある

――会話に参加するか、黙っているか。

ディナーの席に着いている場合は、途中で席を外すわけにもいかないだろう。そういうときは、ただ会話には参加しないようにする。もし意見を求められたら、「それについてはコメントしないでおくわ」などと言って、さらっと流してしまおう。いたずらっぽく目を輝かせて――あまり深刻な感じにならないように。あなたはどうしてうわさ話に参加しないのだろう、とほかの人たちは興味を惹かれるはず。そんなあなたのほうが、

ずっと素敵に見える。

打ち明け話は誰にする？

「だったら個人的な話はいつすればいいの？」と思ってしまっただろうか。たしかに、ときには誰かに悩みごとを打ち明けたり、逆に相談に乗ったりすれば、心がいやされる。信頼できる親しい人が、ひとりかふたりいれば心強いだろう。誰にでも、姉妹やいとこや親友など、信頼できる相手がいるはず。プライベートな打ち明け話や相談は、そういう相手にしよう。心の奥で思っていることを打ち明けると、とてもほっとするものだ。

たとえば、あなたが夫とケンカをしたとしよう。夫は脱いだ物をランドリーボックスの中に入れずに、ランドリーボックスの足元に脱ぎ散らかしてしまうのだ。この悪いクセが3年経ってもまだ治らない。「もう我慢できない――いい加減にしてよ！」あなたはキレて、夫に向かって怒鳴り散らした。情けないけど、しかたないだろう。

ところが、なんと夫は逆ギレして、家を飛び出して行ってしまった。呆然としてうろたえたあなたは、親友に電話で泣きつく。親友はあなたを落ち着かせようとして、「そんなに心配しなくても大丈夫よ。もっとひどいケンカなんていくらでもあるから」などと言ってなぐさめてくれる。話を聞いているうちに、あなたは思わず笑い出してしまう。そのうち夫が家に帰ってきて、ふたりで仲直りをした。さあ、もうケンカはおしまい（親友がその話題を二度と持ち出さないことは、ちゃんとわかっている）。

でも、何かあるたびに大騒ぎして、誰かれかまわず話してしまうと、同じ話を繰り返しているうちに、どんどん大げさになってしまう。つまらないケンカだったはずが、騒ぎ立てたせいで、実際以上に深刻な話になってしまうのだ。そういうつまらないケンカほど、ミステリアスな雰囲気とかけ離れたものはない。

くれぐれも、親友に悩みごとを何もかもぶちまけないようにすること。相手の貴重な時間をもらうのだから、話すべきことをちゃんと選ぶ必要がある。自分はすぐに大騒ぎしてしまうようだと気づいたら、親友に対しても少しはミステリアスな雰囲気を醸し出したほうがいいかも。これまで聞いてもらったぶん、こんどは相手の話に耳を傾けよう。

ほめられても謙遜しない

あなたは人のほめ言葉を素直に受け取っているだろうか？　ミステリアスな人たちは必ずそうする。たとえば、もしわたしがマダム・シックのブラウスをほめたら、マダムはけっしてこんなことは言わない。「え？　これもう古いのよ。セール品だったの！」マダムなら、「ありがとう」と言って、それでおしまい。

もし誰かがほめてくれたら、ただ「ありがとう」と言うこと。ほめ言葉を素直に受け取って、にっこりとほほえもう。お返しに、相手のことをほめてもいい（ただし、お世辞でなければ）。

それから、相手に気兼ねして、自分を変に卑下するのはやめよう。あなたの人生がうまく行っているときには、あなたほど幸運ではない人に対して気兼ねするあまり、「何もかもうまく行っているわけじゃないのよ」と言いたい気分になるかもしれない。たとえば、「1カ月前に女友だちとケンカしちゃって……」なんて打ち明けて、相手の暗いムードに合わせてみるとか。そういうのはやめよう。相手が暗いからといって、こちらまで一緒に暗くなる必要はない。相手がつらい思いをしているのなら、必要なのは力になることだ。

ミステリアスな人たちが魅力的なのは、ゆったりと満ち足りて見えるから。あなたもその秘訣を知りたいはず。だったら、満ち足りているときは、素直にその幸せを味わおう。悪く思ったりする必要などないのだから。

いつまでもロマンティックな関係を大切に

恋愛関係でも、ミステリアスな部分を残しておこう。付き合い始めたばかりのころは、あなたもきっとそう心がけていたはず。最初のデートのときは、彼の目の前で足の爪を切ったりしなかっただろう。そんなことは彼が来る前にすませておいたはずだ。それから4年も経って、いまはもう結婚して子どもがふたりいるからと言って、平気でそんなことをしていいのだろうか?

もしパートナーにつまらないことを言ってしまいそうになったら（ブドウを食べたらおならが出ちゃった、とか）ぐっとこらえて、言うのをやめよう。ほとんど言いかけていたのに急に黙ったせいで、「何を言おうとしてたの?」と彼に訊かれたら、にこっと笑って「ううん、べつに」と答えておこう。そんなあなたに、彼は興味を惹かれてしまうはず。

身じたくを整えたりボディケアをしたりするときは、ひとりで部屋にこもって行うこと。彼はあなたが毎日ネティポット（鼻孔洗浄器）を使っているのを知る必要はないし、あなたが眉毛を引っこ抜いているところも見なくていいから。わたしの知っているカップルで、お互いの見ている前でおしっこをする仲だと自慢する人たちがいる（こんなことを書くだけでも身の毛がよだつ）。そんなのは親密じゃなくて、ただ下品なだけだ。恋人に対してもミステリアスな部分を残して、いつまでもロマンティックな関係でいよう。

別人になろうとしない

ミステリアスな雰囲気を漂わせることを、わざとらしく振る舞ったり、気取ったり、別人になろうとしたりすることと勘違いしてはダメ。

むしろ大事なのは、自分らしく振る舞うこと――他人を喜ばせるためにいい顔をしたりしないで。そして、心にもないお世辞を言い合ったり、親しくもない相手にプライベートな打ち明け話をしたりしないこと。

自分らしく素直に、いまを生きよう。人びとを惹きつけるミステリアスな雰囲気を大切にして。

ミステリアスに見せるその他のコツ

・モナ・リザのほほえみを浮かべる。少し月並みかもしれないけれど、やはりテクニックとしてはふれておく価値がある。かすかなほほえみを浮かべたあなたは、何かを知っているように見える。相手はきっとその秘密を知りたくなる。もちろん、教えてはダメ。せいぜいじらしてあげよう。
・やわらかい口調で、静かに話す。そうすると、あなたの言葉を聞こうとして、みんな自然と前のめりになって耳を傾けるから。とてもミステリアスな感じがするはず。
・相手の話をよく聞く。

Le Recap まとめ

*言葉に気をつけて、個人的なことをしゃべりすぎないようにする。必要なことだけ話すこと。

*沈黙に慣れる。

*初めて会った人に私生活のことをあれこれ話さないこと。それよりも、アートや哲学やいま開催中のイベントなどについて話そう。興味深い話をして、どんな人なのだろう、とみんなに思わせるように。

*プライベートの秘密は、ひとりかふたりの信頼できる相手に話すこと。

*（フランスだけでなく、どこにいても）相手の職業を尋ねない。

*日常のつまらないことをいちいち恋人に話したりせずに、ロマンティックな関係を維持すること。身じたくやボディケアをしているところは、誰にも見せないで。彼にはただ、きれいなあなたを見せてあげよう。

物質主義に踊らされない

パリの留学ガイダンスのカウンセラーからホストファミリーについて初めて説明を受けたとき、わたしは驚いてしまった。ムッシュー・シックの一族は、由緒正しい貴族の家系だというのだ。

一家は閑静な高級住宅地パリ16区のアパルトマンに住み、ブルターニュには別荘を所有していた。パリの家でわたしが一緒に暮らすことになるのは、ムッシュー・シックとマダム・シックと23歳の息子さんの3人で、ほかの子どもたちはみんな独立してよそに住んでいた。それで、マダムは家の中がにぎやかになるように、交換留学生を積極的に引き受けていたらしい。

また、一家は外国の文化について学ぶのが好きだった。カウンセラーがそっと教えてくれたところによると、交換留学生プログラムのホストファミリーのなかでも、とりわけ裕福な家庭だということだった。

わたしはたちまち興味を惹かれた。贅沢なものが好きなわたしにぴったり……まさに願ってもないような最高のホストファミリーだった！ いよいよタクシーに乗ってパリのわが家を目指しながら、わたしは16区の瀟洒なアパルトマンの様子を思い描き、想像をふくらませていた。ベルベット張りのソファや、テレビの大型フラットスクリーンや、わたし専用のバスルーム付きの寝室（もちろんバスルームは大理石仕様）や、最新式のキッチンなど……わたしの想像はとめどなく広がっていった。


ところがご存じのとおり、マダム・シックのアパルトマンは、わたしの想像とは全然ちがっていた。もちろん素晴らしい邸宅だったけれど、わたしが想像していたようなぴかぴかの成り金趣味ではなかったのだ。

一瞬、もしかしたらこの家はもうあまり裕福ではないのかも、なんて思ったのだけれど、ここは有名な高級住宅地で、邸内には美しい（そして見るからに高価な）アンティークの家具や調度品が設《しつら》えられ、間取りも広々とした贅沢な造りのアパルトマンであることを考えると、この一家はずっと堅実な暮らしぶりなのだろう、と納得した。

フランスにはむやみに新しいものを欲しがる物質主義の風潮がない。フランス人はやたらと物を買わないのだ――新しい機能やアップグレードや目新しさを求めて、次々に物を買いまくったりしない(だからこそ、すでにお話ししたとおり、フランス人の家はどこもうらやましいほどすっきりと片付いているのだ)。

そしてマダム・シックの一家には、見栄っぱりなところがなかった。たとえば、車は3人家族に1台だけ(それもごく普通の地味な車で、派手さはまったくなかった)。それよりも、質の良い食べ物や、高級なワインや、仕立ての良い服など、自分たちにとって重要なものにお金を遣っていた。

そんなふうに、物質主義に踊らされない一家の暮らしぶりは、わたしにはとても新鮮で、堅実なお金の遣い方には尊敬の念を抱いた。素敵に暮らすということは――収入の範囲で暮らし、モノにあふれた社会の誘惑を避けること。それこそ繁栄と呼ぶのだろう。

いくらお金があったとしても、ムダな出費を抑えるのはよいことだ。次々に物を買わないようにすれば、環境のためにもなる。どれだけゴミを減らせるか考えてみよう!ムダな物を増やさなければ、収納場所に困ることもない。それに家計も助かるはず――浮いたお金の遣い道をあれこれ考えるのも楽しいだろう。次はこれを買おう、あれを買おうと考えるのをやめれば、もっと有意義なお金の遣い道を思いつくはずだ。

買い物リストを持っていく

マダム・シックの家では、高級車や最新式のキッチンや豪華な娯楽設備など、いかにもお金持ちがこだわりそうなところにはお金をかけないのに、なぜ彼らの暮らしはあんなにも贅沢で豊かなのか、その理由を考えるのはとても面白い。けれども、ふだんの買い物の様子に注目してみるのも面白いはずだ。たとえば、マダム・シックは近所のタバ(タバコ屋兼カフェ。日用品も扱う)へ買い物に行って、つい余計なものまで買ってきてしまうようなことがなかった。

でもたいていの人は、身に覚えがあるだろう。わたしもシャンプーを買いにドラッグストアへ行ったはずが、シャンプーのほかにもガム、ヘアゴム、新色のマニキュア、チョコバー、「USウィークリー」(週刊芸能誌)、鎮痛剤、寝室用スリッパ、洗い流さないトリートメント、3種類のリップバーム、おまけに日よけ帽子まで買ってきてしまったことがある。6・99ドルのシャンプーを買いに行ったのに、69・99ドルも散財してしまったのだ。どうしてあんなことになったのだろう? まるでショッピングの悪魔がわたしに乗り移って、理性を奪い取られてしまったみたいだった。

あなたもこんど買い物に行くときには、必要な物と要らない物をしっかりと意識してみよう。そのためにわたしは買い物リストを持っていくことにしている。スーパーなどで買い物をするときには、とても効果的だ。リストがあると余計なものに目が行かないので、ムダ遣いをしなくてすむ。けれども、リストが役に立つのはスーパーでの買い物だけではない。用事がいくつもある日には、出かける前にやるべきことをリストに書き出す。たとえばこんな感じだ。

・クリーニングの引き取り
・シャンプーを買う（シャンプーだけ！）
・レタス、りんご、ミルクを買う
・スペシャルティ・コーヒーを半ポンド（約226グラム）買う

リストを持って行けば、買い忘れやムダ遣いを防げる。けれども、ふだんから予算を決めて買い物をする習慣のない人たちにとっては、たとえリストを作っても、1日のどこかでうっかりムダ遣いをしないようにするのは、至難の業かもしれない。そういう場合は、なるべく現金で買い物をしよう。毎日の買い物にデビットカードやクレジットカードを使うのはかなり危険。現金で買い物をすれば、自分がいくら遣ったか（あるいはムダ遣いしたか）をずっとよく自覚できるようになるはず。

1週間に買ったものを全部書きとめてみるのも効果的だ。何もかもひとつ残らず書いてみよう。毎日飲んでいるカフェラテ、切手シート、昼食代、マニキュアの除光液、洋服代——忘れずに全部メモしておく。もしあなたもわたしと同じなら、こまごまとした出費が1週間ではどれだけの金額になるかを知って、驚いてしまうはずだ。たまにしか買わない物も含まれていたとしても、自分が1週間にどれだけムダ遣いをしたか、どれだけたくさん物を買ったかをはっきりと自覚できる。

以前、わたしは毎日コーヒーを買っていた。それも、ふつうのコーヒーじゃなくて、スターバックスやタリーズのコーヒーを。でも、1週間に買ったものを全部書き出してみたら、あまりにもムダな出費が多くて驚いてしまったのだ。それ以来、飲み物はほとんど外で買わなくなり、家で飲むか、魔法瓶に入れて持って行くことにしている。

毎日のように買っている物でムダ遣いをしなくなれば、1年間でどれだけの節約になるか考えてみよう。浮いたお金は退職後のために貯金してもいいし、旅行に奮発してもいい。おまけに、毎日の買い物のムダが減れば、家も散らからないというメリットもある。

洋服の衝動買いにご用心

すでに「10着のワードローブ」を実践しているあなたは、ファッションの奴隷から卒業できた解放感を味わっているはず。もし、まだファッションの奴隷のままなら、第4章「10着のワードローブで身軽になる」を読み直したほうがいいかもしれない。

とは言いつつ、わたしも服を買うときはいまだに油断がならない。1パック3ドルのオーガニックのイチゴを買うかどうかでさんざん迷うくせに、200ドルのドレスは「ま、いいか」とあっさり買ってしまうから……。ワードローブの数を大胆に減らしてからは、そういう失敗はほとんどなくなったけれど、どうかするとつい服を買いたい衝動が頭をもたげるのだ。

衝動買いを防ぐには、必要な物を買うとき以外はお店をのぞかないのも手だ。ある日のこと、わたしはファーマーズマーケットへ買い物に行くところだった。いつもそこで1週間分のオーガニックの新鮮な野菜や果物を買うのだ。

サンタモニカのファーマーズマーケットは、ショッピングエリアとしても有名なサード・ストリート・プロムナードにある。その日は食品だけ買うつもりで来たのだが、たまたまお気に入りのショップの前を通りかかった。ショーウィンドウの素敵なブラウスが目にとまり、わたしは思わず足を止めた。そのブラウスをまじまじと見つめ、続いて娘の顔を見つめ（その瞳は「ママ、ダメだよ！」と言っていた——けど気のせい？）、すぐそこのファーマーズマーケットに目をやった。ファーマーズマーケットはどこにも逃げやしない。「ちょっとのぞいてみるだけ」と自分に言い聞かせて、わたしはお店に入った。

もちろん、「ちょっとのぞいてみるだけ」ですむはずがなく、いつの間にか6着も試着していた。結局、夏のワードローブとして活躍しそうな白いブラウスを買ってしまった。ベーシックなアイテムで着回しがきくだろうけど、きょうは服を買う予定じゃなかったのに、と思うと自分に腹が立った。夏のワードローブとして活躍した？　イエス。でも本当に必要だった？　ノー。あの日は、必要のない物を買って余計な出費をしてしまった。

このエピソードの教訓は、ワードローブに必要な具体的なアイテムを買うとき以外は、お店をのぞかないこと。目の毒になるだけだから。

プライド――見栄っぱりの訓話

　ある日の午後、夫のベンとわたしは車でビバリーヒルズへショッピングとランチに出かけた。今回は1年にせいぜい2回しか買い物をしないベンの服を買うのが目的だった（もともと「量より質」がモットーの人なのだ）。

　ベンはジーンズ以外のカジュアルなパンツを欲しがっていて、カーゴパンツのなかでも少し高級な感じのものがいいと言っていた。というわけで、ふたりで買い物に行ったのだ。

　車を停めて歩き出すとすぐに、ブライトン通りの〈ブルネロ・クチネリ〉のショップの前を通りかかった。すると、ウィンドウのマネキンがライトコットンのネイビーブルーのカーゴパンツを穿いているではないか――すっきりとしたラインで、裾幅が細めになっている。わたしは夫を呼び止め、ウィンドウのパンツを指差した。まさに彼が探していたようなパンツだった。わたしたちはさっそくお店に入った。

〈ブルネロ・クチネリ〉のショップに行ったことのない人もいるかもしれないが（わたしたちもそのとき初めて入った）、とても素敵なお店だった。服のデザインや仕立てやディスプレイが美しいのはもちろん、スタッフがとても気が利いて礼儀正しいのだ（近頃めずらしいくらい！）。

ベンがショーウィンドウのブルーのパンツを試着したいと言うと、20代前半とおぼしき若い有能なスタッフが、すぐに試着室にパンツを用意してくれた。ベンが試着しているあいだ、わたしはレディースのコーナーをうっとりと眺めていた。どの服にも値札がついていなかったけれど（そこで警戒するべきだった）、とくに気にもとめず、ベンが試着室から出てくるのを待っていた。すると、待っているわたしのために、さっきのスタッフがミネラルウォーターをグラスに注いでくれた。なんてサービスがいいの！　やっぱりビバリーヒルズのショッピングは最高ね！

試着室から出てきたベンを見て、わたしは思わず歓声を上げ「ちょうどぴったりね」と言った。彼はとても身長が高いので、体型に合う服がなかなか見つからない。ベンも「すごく気に入ったよ」と答えた。「これは絶対買わなくちゃ」とふたりの意見が一致。例のスタッフが満面の笑みを浮かべた。

「色ちがいもあるんですか？」とベンが訊くと、「ございます」とのこと。「じゃあ、別の色ももらおうかな」なんてベンが言い出す前に（彼がそう言うのはわかっていた）、わたしは念のためパンツの値段を訊いておこうと思い立った。高級店だから値が張るだろうとは思ったが、カーゴパンツなんて、いくら高いと言ってもたかが知れているはず。

「こちらのパンツは610ドルでございます」スタッフが答えた。

しばし沈黙が流れた。ベンは豆鉄砲でも食らったような顔をしている。わたしは「そうねー、やっぱりもうひとつは要らないんじゃないかなー」と冗談っぽく言ってみた（沈黙に耐えられずに、ふざけてしまうのはいつものクセ）。ショックでぼうっとしたまま、スローモーションのようにゆっくりと、わたしたちはレジへ向かった。

信じられないと思う人もたくさんいると思うが――あのカーゴパンツを買ってしまったのだ！　引っ込みがつかなくなったのは、ショックと見栄のダブルパンチのなせるわざだった。コートやハンドバッグやスーツのズボンや高級なドレスならわかるけど、カジュアルなカーゴパンツが610ドルだなんて、ほんとにショッキングだった。それなのにふたりとも見栄を張ってしまって、「予算オーバーなので」と断って店を出る勇気がなかったのだ。

その日、慎重派の友人、ジュリアーナにその話をしたら、「いくら見栄があるからって、わたしならカーゴパンツに610ドルなんて絶対に払わないわ。どうかしてたんじゃない？」と言われてしまった。本当にその通りだ――見栄を張ったせいで、あのときは頭がどうかしてしまったのだ。常識がすっ飛んでしまったのだ！

あのパンツを買ったせいで破産したわけじゃないけれど、わたしたちは見栄と物質主義について大事な教訓を学んだ。しばらくしてからは、笑い話にできるようになったけれど（「死ぬまで毎日穿かないと、元が取れないわね」なんて冗談を言ってみたり）、あの直後は情けない思いでいっぱいだった。

お金があろうとなかろうと、本当に必要でもない服を見栄を張って買うのはやめたほうがいい。店員が強引に勧めてきたり、試着した服が予算オーバーだったりしたら、さらっと「ありがとう、やっぱりやめておくわ」と言って立ち去ろう。

持っている物に満足する

「幸せとは欲しい物を手に入れることではなく、持っている物で満足すること」という有名なことわざがある。家の問題を考えるときも、新しい物を追い求める物質主義に踊らされないようにするには、このことわざを覚えておけば役に立つ。

なにも家のリフォームや修繕をしたり、新しい家具を買ったりするのはやめようと言っているわけではない。けれども、本当に必要なのか、冷静に考えてみるべきだと思うのだ。最新設備のキッチンを手に入れるために5万ドルもかける必要があるだろうか？ もし資金があって、料理が大好きで、キッチンをリフォームしたら家の資産価値がもっと高くなると思うなら――ためらわずにやってみよう。でも、そのためにローンを組んだり、長いこと生活費を切り詰めたりしなければならないなら、やめたほうがいい。

あるいは、「たったひとつのバスルームを家族で順番に使うなんて冗談じゃない」と思っている人もいるかもしれないが、マダム・シックの家では、バスルームがひとつでも何の問題もなかった。彼らは自分たちの持っている物に満足して暮らしていた。

だから、もし家のなかで不満なところがあったら（改装が必要なバスルームや、古い家具や、旧型のテレビなど）、どうにか工夫してそのまま使うか、近い将来、新たなローンを組まずに、予算内で可能なリフォームや買い替えを計画しよう。それには、いろいろと知恵を絞ってみる。くたびれてきたソファに新しいクッションを並べてみたり、旧式のバスルームに真っ白でふわふわの大判タオルを置いて、スパみたいな雰囲気を演出してみたり。

旧型のテレビだって、それほど不自由なく過ごせるのでは――もしかしたらテレビの見すぎなのかも！ 自分の持っている物に満足して、「あれもこれもどうにかしたい」

とやきもきしないで、もっと他のことにエネルギーを使おう。

新しい物好きさんへのアドバイス

自分のお金の遣い方を振り返ってみよう。あなたはいつも自分の持っている物に不満を感じているだろうか？　欲しい物はないか、アップグレードが必要な物はないか、とつねに探してしまう？　ネットもリアルのお店もつねにチェックしている？　「次はあれを買うんだ」と思ってやる気を出している？　物を買うと快感が得られる？　何らかの借金がある？

もしそうなら、あなたの肩に乗っているショッピングの悪魔を、そろそろおとなしくさせるべきだろう。どうしても買い物がしたくてたまらなくなってしまったら、本を読んだり、料理をしたり、散歩に行ったりして、気を紛らわせよう。土曜日の午後にはショッピングモールに行く代わりに、美術館に行ってみる。まずは1週間、生活に必要な物以外はいっさい買わないようにしてみよう。

ショッピングに行く回数を減らすと、買い物欲も減っていく。自由な時間を使ってもっとほかのことをすれば（たとえば、ずっと書こうと思っていた本を書くとか）、ショッピングなんて時間のムダだと思うようになるかもしれない。それに、まさかもう二度とショッピングが楽しめなくなるわけじゃない。水曜日の午後に休みを取って女友だちとランチを食べたあとに、みんなで少しショッピングをするのは、とっても楽しい息抜きになるはず。その程度なら、買い物漬けの生活に逆戻りする心配もない。

マダム・シックの一家を見習って、自分たちの持っている物に満足して暮らしてみよう。そうすることが繁栄や成功につながり、お金も貯まるはず。生きていく上で大切な「足るを知る」という思いを知って、育んでいくことができるだろう。

Le Recap まとめ

*毎日の買い物をするときは、衝動買いを防ぐために買い物リストを持っていき、現金で支払う。

*「10着のワードローブ」を実践して、服を買い過ぎないようにする。

*店員の押しに負けて服を買わないこと。要らないと思ったらきっぱりと断ろう。見栄を張らずに、賢い決断をすること。

*自分の持っているものの価値を再認識して、大切にしよう。

*大きな買い物をするときは急がない。数日待って、それでも本当に欲しいか確認する。

*家のリフォームや修理を行うのは、金銭的に余裕のあるときだけにする。

*自分のお金の遣い方を振り返ってみよう。持っている物を喜んで使うこと。

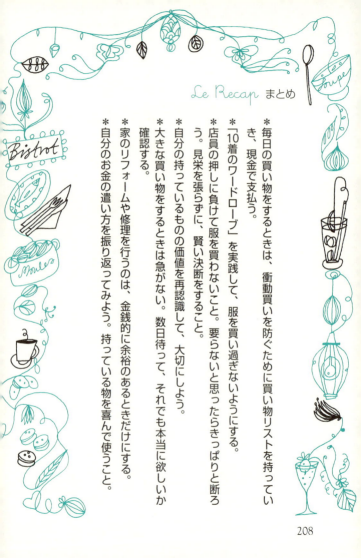

教養を身につける

フランスでは知性が高く評価される。人びとはあなた自身の意見を聞きたがる——そして、あなたの意見が有意義で興味深くウィットに富んでいるほど尊敬される。

パリで留学生活を送っていたわたしは、生まれて初めて、大好きなテレビ番組や、やみつきになってしまうゴシップ雑誌などの、くだらない娯楽から遠ざかった生活をしていた。そんなことに時間を使うよりも、わたしは美術館に行ったり、本を読んだり、留学生仲間たちと人生について語り合ったりした。パリに来るまで、あれほどたくさんの文化的なイベントに参加したことはなかった。まるで心のデトックスみたいな感じで、とても充実した気分だった。

そして、留学生仲間たちも同じ充実感を味わっていた。わたしたちはいろいろな場所へ出かけて、さまざまなことを学び、人生を謳歌して忙しく過ごしていた。そんなふうに生活がすっかり変わったせいで、ふと気がつくと、わたしたちの会話の内容にも変化があらわれていた。みんなでただ集まってセレブのうわさ話をしたり、前回のリアリティ番組で敗退した人のネタで盛り上がったりなんかするより、もっとほかに中身のある話題がいくらでもあったから。

そのうち気がついたのだけど、わたしたちが知的な生活に目覚めたのは、たんに学生だったからではない。だってわたしたちはカリフォルニアでも学生生活を送っていたのだから。でもアメリカにいると、テレビとかゴシップ雑誌とかつまらないポップソングとか、とにかくやたらと誘惑が多すぎるのだ。

パリに来てわたしたちの生活が知的な刺激でいっぱいになったのは、わたしたちがフランスの文化にどっぷり浸《ひた》っていたせいにちがいない。アメリカではセレブ大好きの消費主義のカルチャーのせいで、薄っぺらな娯楽が巷にあふれ、もてはやされているけど、フランスではまったくちがう。たとえばマダム・シックがアームチェアに座ってだらだらと「カーダシアン家のお騒がせセレブライフ」を観ながら、「USウィークリー」をめくったりするなんて、絶対にあり得ない。マダム・シックがテレビを観ていた姿すら記憶にないほどだし、まちがってもゴシップ雑誌なんて読むわけがない。

魅力的な自分になれば、人生でいいことはいろいろあるけど、一般的に言ってフランスでは、ただ顔がきれいなだけでは通用しない。実際、美人とはいえなくても知性の優れた女性は高く評価されるし、そのほうが知性の感じられない美人よりも、ずっと魅力的だと思われる。

ところがアメリカでは、哲学とかクラシック音楽とか詩とか、知的な話題や芸術的な趣味の話題を持ち出したりすると「気取っている」と取られかねない。いっぽうフランスでは、相手も当然そのような話題に詳しいものと思って会話をする。こうして書いていると、マダム・ボヘミアンヌの家で開かれた数多くのディナーパーティーで出会った人たちとの会話が思い出される。みんな、「どこの出身ですか?」なんて聞くよりも、まず「いまどんな本を読んでるんですか?」と訊くような人たちだった。

アメリカに帰ってみると、フランスにいた頃のように知的な刺激でいっぱいの生活を続けるのは、やはり難しいというのが実感だった。アメリカはどこもかしこも誘惑であふれているから。それでも多くのことと同じで、周りに流されないようにするには、自分の弱点を自覚して克服することが大切だ。

ではここで、教養を磨くための秘訣やアイデアをいくつかご紹介しよう。

本を持ち歩く

できるだけたくさん本を読もう。わたしは週に1、2冊は読むようにしている。読書をすると頭の回転が速くなり、語彙も想像力も豊かになるから、テレビを観るよりずっとためになる（このことは後で詳しく述べたい）。本をたくさん読むと、ますます本が読みたくなる。以前はよく本を読んでいたのに、いまは海辺に行くときに、思い出したように本棚から1冊取り出すくらい、という人もいるかもしれない。本棚のほこりを払って、また読書三昧の日々に戻るのもいいのでは？

忙しくて本を読む時間がないという人にも、いろいろな方法があるから大丈夫。オーディオブックはそんなあなたの強い味方で、忙しいから読めないと思っていた本でも気軽に楽しむことができる。通勤中、あるいは掃除や運動をしながら聴いてみよう。わたしは古典ミステリーが好きで、車にはアガサ・クリスティーのオーディオブックをいくつか常備している。運転中は音楽よりもオーディオブックを聴くほうが多いほどで、長い道のりでもあっという間に感じてしまう。ハラハラする場面で、思わずペダルを踏み込んだりしないようにご注意！

また、ちょっとした時間にも本が読めるように、バッグに本を入れておくのもいい。そうすれば、歯科医院の待合室にいるときや、サロンでペディキュアをしているときや、近所のカレー屋さんでテイクアウトの順番を待っているときなど、いつでもすぐに本が読める。そういう場所では長く待たされることも多いから、みんな雑誌をめくったり、スマートフォンをいじったりしながら時間をつぶしているだろう。

そういうときのために、わたしはキンドルを持ち歩いている。電子ブックリーダーは持ち運びにとても便利。わたしは美容室や、レストランでランチが運ばれてくるまでの時間や（ひとりのとき）、マッサージ前の待ち時間など、ちょっとでも時間があれば読んでいる（最近はどこへ行っても電子ブックを読んでいる人たちを見かける。いつか「電子ブックのないころは、いったいどうしていたんだろう？」なんて思う日が来るのかもしれない）。それから、寝る前に本を読むのも好き。ベッドのなかで素敵な本を読んでいると、ぬくぬくして何とも気持ちがいいから……。

社交のためには、読んで面白かった本のタイトルをいくつか覚えておくと便利。そうすれば、こんど誰かに「最近なにか面白い本を読みましたか？」と訊かれても、すぐに答えられる。「これから読む本」のリストには、ふだん自分ではあまり読まないような本も何冊か加えてみよう。たとえば詩集や哲学書などもおすすめ。読書で教養を磨けば、今度のディナーパーティーでは、あなたがいちばん魅力的なゲストになることまちがいなし。

紙の新聞を読む

わが家では「フィナンシャル・タイムズ」と「ロサンゼルス・タイムズ」（週末版）を購読している。わたしは新聞が届くとわくわくする。新聞にはニュースのほかにも、ネットのニュースサイトでは出会えないような、示唆に富んだ記事がたくさん載っているから。

それにインターネットでニュースを読んでいると、つい全く関係のない記事まで読んでしまうから大変。「CNN.com」でトップニュースを読もうと思っていたはずが、いつのまにか「PopSugar」（セレブ関連のニュースサイト）でティーンエイジャーの憧れのスターが破局、なんてゴシップ記事を読んでいる始末。そんなものを1時間読みふけっても、役に立つ情報なんてゼロだ。

インディペンデント系の映画を観る

ハリウッドの大ヒット映画よりも、インディペンデント系の外国映画を観よう。わたしはもう商業主義のメジャーな大ヒット映画にはほとんど耐えられなくなってしまった。時間はとても貴重なのに、2時間半も暴力的な爆発シーンをこれでもかと見せられるなんて、時間のムダとしか思えない。

だからせっかく映画を観に行くなら、ストーリーが面白いインディペンデント系の映画を観ることにしている。新聞の映画批評を読んだり、ネットで映画評論家のレビューをチェックしたりしてみよう。家の近くにインディペンデント系の映画館があるなら、今後上映される映画のタイトルをメモしておいて、観たい映画を見逃さないようにしよう。

それから古典映画もお忘れなく。通販映画サイトにはものすごい数の映画のラインナップがあり、ネット上ですぐにダウンロードしたり、宅配DVDレンタルを利用したりできる。わたしはハリウッド黄金時代の古典映画が大好きで、月に一度は観ている。ヒッチコックがとくにお気に入り。

アートに親しむ

地元の美術館でどんな企画展が開催されているか、つねにチェックしよう。演劇やバレエやオペラの舞台やコンサートにも、どんどん出かけよう。音楽なら、特定のジャンルを決めて詳しくなってみるのも楽しい。たとえば、クラシック音楽のファンなら、「ノクターン」(夜想曲)にこだわって、うんと詳しくなってみる。あるいは、好きな作曲家(わたしの場合はショパン)の伝記を読めば、作品に対する理解が深まって楽しいだろう。アートに親しむ心を育もう。

語彙を豊かにする

「今日の言葉」のブログをインターネットで毎日読む(「今日の言葉」はWord of the Dayという名称でwww.nytimes.com等に掲載されている)。わたしはブックマーク登録しているので、毎朝パソコンを立ち上げたら最初にチェックすることにしている。語彙が広がるので便利だ。

そうやって新しい言葉を覚えたら、毎日の会話でさっそく使ってみよう。もし誰かに「気取ってる」なんて言われても、モナ・リザのほほえみで受け流してしまおう。他人から気取っていると言われたり思われたりするのを恐れて、あなたまで社会の知的レベルの低下に合わせなくていいのだ。そんなばかげたことを言う人は放っておこう。そんな相手とムリして付き合う必要などないから。

テレビの時間を減らす

テレビを観る時間が減れば減るほど、テレビを観たいと思わなくなる。わたしもフランスに留学中は、半年で4時間くらいしかテレビは観なかったはずだ。毎日があまりにも楽しくて、テレビなんてちっとも観たいと思わなかった。それなのに、アメリカへ帰ったとたんにまたテレビを観るようになってしまったのだ――しかもたくさん。

それから数年間は、1日に何時間もテレビを観ていた。そんな生活でいいと思っていたわけではないし、充実感もなかったのだけど。本当はもっと本も読みたかったはずなのに、ほとんど読んでいなかった。家でだらだら過ごしてばかりでストレスもたまり、すっかりカウチポテト族になってしまった——イヤな気分だった。

それでとうとう決心して、「テレビダイエット」を始めることにしたのだ。いまではもう1週間に2、3時間しか観なくなったが、それくらいがわたしにはちょうどいい。とはいえ、まだお気に入りの番組だってある（ここに書くのは恥ずかしすぎるので、番組名は伏せておこう）。

でも、以前は人気ドラマやリアリティ番組を6つも観ていたのに、いまは1つか2つしか観ていないし、そういう数少ない番組を観るときは、むしろ以前よりもずっと楽しんで観ている。テレビの時間が減ったぶん、自由な時間には本を読んだり、文章を書いたり、散歩に出かけたりするようになって、以前よりもずっと充実している。

もしどうしてもテレビの時間を減らせなくて困っているなら、リビングの家具のレイアウトを変更して、テレビを観るための空間ではなく、会話をするための空間を作ろう。リビングのすべての椅子がテレビを観やすいように並んでいるなら、位置を少し変えてしまおう。つまり、暖炉か絵画などの美術品をリビングの中心として考えるのだ。テレビをリビングの主役にせず、脇役にしてしまおう。そうすれば、ひとりでテレビばかり観て自分の世界に閉じこもったりしないで、もっと家族や友人たちと一緒に時間を過ごし、会話を楽しみたくなるだろう。

旅行する

できるだけたくさん旅に出よう。異文化にふれることは、教養を磨いて視野を広げるのに最適の方法だから（パリに行って、わたしはどれほど影響を受けたことか！）。外国へ行ったら、有名な観光地ばかり回っていないで、現地の人みたいにその土地の文化に溶け込んでみよう。地元の人たちと仲よくなろう。裏通りにひっそりと佇むレストランを訪ねてみよう。その土地の作家やアーティストについて学んでみよう。

それから、不作法なマネをしないように、これから訪ねる国の習慣も知っておいたほうが賢明だ。もちろん、やむを得ないこともあるけれど……。

ある朝、パリで目覚めたわたしは、ひどい寒気を感じた。気分が悪く、体が震え、熱があるのはまちがいなかった。仕方ないので、その日は授業を休んで寝ていることにした。マダム・シックはとても親切に面倒を見てくれて、レモンを浮かべたお湯やコンソメスープを持ってきてくれた。熱が心配だからさっそく体温を測るように、と体温計も持ってきてくれた。わたしはお礼を言って、体温計を口にくわえた。それを見たとたん、マダムがぎょっとして顔をしかめた。両手を必死でばたばたさせているが、言葉が出てこない——何か言おうとしているのに、言葉が喉につかえて出てこないみたいだった。

「どうしたんですか？」体温計をくわえたまま、わたしは訊いた。

「ジェニファー！　ノン！」やっとのことでマダムが叫んだ。まだ両手を激しく振っている。こんなに取り乱したマダム・シックを見たのは初めてだった。大変なことがあったにちがいない。

「何があったんですか？」わたしは尋ねた。ひょっとして、マダムも具合が悪いのかも。

「その体温計は」マダムがもどかしそうに大声で言った。「口で測るんじゃないの！

それは……」そう言って、マダムはおずおずと自分のお尻を指差した。

言うまでもなく、パリジャンが凱旋門のあたりを車ですっ飛ばすよりも勢いよく、わたしは体温計を吐き出した。すると今度は、それを見たマダムがはじけたように笑い出した。わたし自身はそのときはとても笑う気にはなれなかったし、ユーモアのセンスを発揮して冗談を言う気力もなかった——だって、家族みんながお尻の穴で熱を測る体温計を、わたしは口でくわえてしまったのだ……。それでも夜になる頃には、わたしも冗談が言えるようになっていた。

どうか読者のみなさんがこの失敗から学んで、わたしが恥をかいたことがムダになりませんように。もしフランス滞在中に体温計を使うことになったら、どこで測るか、くれぐれもお忘れなく。

新しいことを学ぶ

学生ではなくなってからも、学ぼうと思えばいろいろな講座を受講することができる。新しい言語を学んだり、新しい楽器に挑戦したり、新しいスキルを身につけたり、学ぶことはいくらでもある。年齢なんて関係ない。何歳になっても学ぶことはできるのだから、思い切って新しい一歩を踏み出してみよう。

わたしは10代後半から20代前半のころ、劇団の女優としてたくさんの舞台に出ていた。巡業して子ども向けにシェイクスピアの演劇を上演する一座の舞台にも参加したし、できるかぎりインディペンデント系の劇団の舞台にも立った。演劇をやっていたころは、演技力が錆《さ》びつかないように、いつも演技のレッスンを受けていた。

やがて20代後半になると、こんどは文章を書きたくなった。子どものころはずっと作家になりたいと思っていたのに、どういうわけかクリエイティブ・ライティング（文章創作）の授業を受けたことがなかったのだ。

かなり悩んだあげく、わたしは「L．A．ライティング・ラボ」の「90日間小説講座」を受講することにした。講座の初日、教室へ向かいながら、わたしはすっかり怖気づいていた。きっとプロの作家がごろごろいるにちがいないし、少なくともみんなわたしよりもずっと経験を積んだ人たちばかりだろうと思ったのだ。それなのにわたしったら、いったい何様のつもりだったんだろう？　思わず引き返しそうになった。でも、なぜかできなかった（3カ月分の受講料を前払いしていたせいもあると思うけれど）。

結局、その講座を受講することにしたのは、わたしが人生において下した決断のなかでも、最善の決断のひとつだった。勉強になったし、毎日書く習慣が身についただけでなく、作家仲間ができて、いまも親しい交流が続いているからだ。それがなかったら、わたしがこの本を書くことは決してなかっただろう。

さあ、勇気を出して。新しいことを始めるのは怖いかもしれないけれど、思い切って講座に参加すれば、ぬるま湯につかっていたような暮らしに大きな変化が起きるはず。あなたの暮らしに趣《おもむき》を添えてくれそうな講座はいろいろあるだろう。たとえば、映画のシナリオや劇作や文章創作の講座、演技、即興演奏、絵画、ピアノ、料理、映画鑑賞、美術鑑賞、ワインテイスティング、空手、気功、乗馬、フランス語の講座など。ほかにもまだ、いくらでもあるだろう。

Le Recap まとめ

* 知的な刺激のない生活を送らないように。毎日、頭を鍛えること。
* できるだけたくさん本を読むか、オーディオブックを聴こう。
* 典型的なハリウッドの大ヒット映画ではなく、インディペンデント系の外国映画を探して観れば、とても新鮮。
* 新聞を購読して特集記事やレビューを読もう。
* 自分のいちばん興味のある分野のアートに親しもう。
* テレビを観る時間を減らそう。観る時間が減るほど、観たくなくなるから。
* できるだけたくさん旅行しよう。あまりなじみのない場所を訪れて（でも、くれぐれも身の安全には気をつけて！）、異文化について学ぼう。
* 何歳になっても、新しいことを学んでみよう。思い切って興味のある講座に参加してみれば、人生が変わるかも。

Chapter 14

ささやかな喜びを見つける

映画『アメリ』の冒頭で、物語の語り手が登場人物たちを紹介しながら、それぞれの人物がふだんの生活で楽しんでいる、ささやかな喜びを教えてくれる。

アメリが好きなのは、マーケットで穀物の入った麻袋に手を突っ込むこと、サン・マルタン運河で石飛ばしをすること、それからクレーム・ブリュレの表面をスプーンで崩すこと。アメリの父が好きなのは、工具箱の整理と壁紙をはがすこと。アメリの母が好きなのは、ハンドバッグの中を整理することと、スリッパで雑巾を踏んで床を磨くこと。彼らの好きなことはどれもちょっぴり奇妙で風変わりだけれど、フランス人がいかに日常のささやかなことに喜びを感じるかをうまく表現している。

『アメリ』の登場人物たちのように、マダム・シックの一家もささやかなことに喜びを見出していた。マダム・シックは、朝食の準備をしながらラジオを聴くのが好きだった。

イチゴのタルトを作るときには、イチゴの向きをきちんと揃えて美しく並べるのが好きだった。それから、午前中に女友だちに電話をかけて、パリの街の最新情報を交換するのも楽しみにしていた。ムッシュー・シックのお楽しみはパイプと、毎晩食べる〝フロマージュの王様〟カマンベール。そんな彼らがブルターニュの別荘で過ごす夏のヴァカンスは、穏やかな喜びにあふれていた。

彼らの楽しみはささやかで、言ってみれば同じことの繰り返しだった。けれども、彼らは毎日の暮らしのなかでマンネリになりがちなことを楽しんでしまう方法を見出していた。ともすればマダム・シックだって、こんな愚痴をこぼしたくなったかもしれない――「きょうもまたみんなの朝食の準備。毎日毎日、同じことの繰り返しだわ！」。ムッシュー・シックだって、内心こう思っても不思議じゃなかったはずだ――「今夜もまたカマンベールか。他にもいろいろあるだろうに」。でも彼らは、日常生活の繰り返しにうんざりした態度を見せることもなく、そのせいか家族の仲がとてもしっくりとうまく行っていた。

ささやかなことに喜びを見出すのは、幸せな暮らしを送るための秘訣。ゆったりとした気分で、ささやかなことに喜びを感じることができれば、満ち足りてバランスの取れた生活を送れるようになる。そうすれば、ムダ遣いをしたり、やたらと物を買いこんだり、食べ過ぎたりといった、不健康な習慣に陥ったりしなくてすむ。

もちろん、前向きな姿勢は重要（すぐ思い浮かぶのは、親友のロミのこと。どんなときでも前向きで明るい性格の持ち主だ）。けれどもわたしが言いたいのは、たんに前向きでいようとするだけでなく、さらに一歩踏み込んでみることなのだ。ささやかな喜びを味わうというのは、人生にわくわくすること。今という瞬間を精一杯に生きて、どんな小さなことにも目をとめること。ユーモアのセンスをもって、上を向いて、人生で何が起きてもしっかりと受けとめる覚悟ができていること。

そんなあなたはうきうきとファーマーズマーケットに出かけ、甘いみかんを口に含んでほっぺたが落ちそうになる。エレベーターに乗ったらハンサムな男性と隣り合わせて、ドキドキしてしまう――そっと目を閉じて、その人のコロンの匂いを吸い込んだりして。歩いていたら、たおやかで優美なピンクのバラの花が咲いていて、あなたは思わず足をとめ、うっとりと見とれてしまう（もちろん顔を近づけて香りも楽しむ）――他人の目にどう映るかなんて、まったく気にもとめずに。

家事や雑用を片付けるコツ

タルトを食べるとか、バラの香りをかぐとか、楽しいことに喜びを感じるのはたやすいことだけど、つまらないことをするときはどうすればいいの？　楽しいとは言えない毎日の家事や雑用は、どうやってこなせばいいのだろう？　しかも、そういう雑用はずっと繰り返し行わなければならないのだ。どうしたら永遠の苦行を背負わされたシーシュポスみたいにならずにすむだろうか？

シーシュポスはギリシア神話に出てくるコリント王。狡猾な陰謀を企てた罰として冥《めい》府《ふ》へ送られ、巨大な岩を山頂まで押し上げるように命じられたが、頂上にたどりつく一歩手前で、岩は必ずふもとまで転がり落ちてしまう。そのため、シーシュポスはこの苦行を永遠に繰り返さなければならない。高校のラテン語の授業でこの神話を習ったとき、わたしはシーシュポスをひどく哀れに思ったものだった。

ふとシーシュポスのことを思い出したのは、アレグザンダー・マコール・スミスの『失われた感謝の技法（*The Lost Art of Gratitude*）』（未邦訳）を読んでいたときだった。そのなかで主人公のイザベルが、わたしたちの生活にも多かれ少なかれ、シーシュポスみたいな側面がある、と言っているのだ。たとえば、夕食後にキッチンをきれいに片付けても、翌日の朝食の後にはもう散らかっている。会社で書類をファイリングしても、その日の終わりにはもう書類が山積みになっている。

わたしの場合、きりがなくてうんざりしがちな雑用を挙げるとすれば、食洗機から洗い終わった食器を取り出すことや、洗濯や、オフィスでのファイリングだろうか。そういう日常の家事や雑用は、終わったかと思うとすぐにたまってしまい、また同じことを繰り返さなければならない。

そういう家事や雑用を片付ける秘訣は、自分なりに楽しみながら片付けること、そしてそういう日常生活の繰り返しに喜びを感じることではないだろうか。食洗機から食器を取り出したり、洗濯をしたり、ファイリングをしたりするときに、どんな小さな楽しみを見つけられるか考えてみよう。それを「物事のいい面を見る」と言う人もいるかもしれない。

たとえば、あなたは早起きして、家族が起きてくる前に食洗機から食器を取り出すとする。その時間は夫や子どもたちの世話に追われることもなく、ひとりの時間を楽しむことができるだろう。もちろん、かがんでグラスや食器を取り出して、棚にしまわなければならないけれど、それでも楽しいことを探せばきっとあるはず。ちょうど太陽が昇るころで、窓から朝の光が射しこんでくる。ポットで淹れた紅茶の甘い香りが、キッチンいっぱいに広がっている。犬がまだ眠そうなのに、あなたのそばにいたくて階段を下りて来た――こんなふうに、楽しいことやうれしいことがきっと見つかるはず。

マダム・シックは毎日繰り返される家事を心から楽しんでいた。マダムは家族の朝食を用意するために、毎朝とても早起きしていた。ムッシュー・シックが朝早く出勤するので、マダム・シックはたいてい5時半には起きていたのだ！

マダムは素敵なガウンを着て、スリッパを履いてキッチンへ行き、朝のラジオ番組を聴きながら、パーコレーターでコーヒーを淹れ、自分のための紅茶も淹れたら、自家製のジャムなどをテーブルに並べる。そして、ムッシューとおしゃべりしながら一緒に朝食をとる。わたしが（だいぶ時間が経ってから）起きてくる頃には、マダムはすでに着替えをすませ、身じたくも整っていた。

けれども、朝食の準備のために早起きするのが大変、などとマダムがこぼしていたことは一度もなかった。マダムは毎日の家事に喜びを感じていたのだと思う。そうやって家事や雑用を楽しめるようになると、来る日も来る日も同じことを繰り返すのも、それほどつらく感じなくなる。

家事のなかでもとくに面倒なのが、毎日の買い物ではないだろうか。何だかいつもスーパーにいるような気がして、うんざりしてしまうのだ。ここでもまた、思い出すのはアメリのことだ。アメリは穀物の袋に手を突っ込むのが大好きで、マーケットにいる時間をとびきり楽しんでいた。

あなたもそんな（でももうちょっと衛生的な）楽しみを見つけられるだろうか？　いろんなイチゴの香りをかいで、どれがいちばん甘い香りか確かめたり、乳製品売り場でヨーロッパ産のチーズの品揃えをチェックしたりするのも楽しそう。どうせ買い物に行くなら、楽しんでしまったほうが勝ちだ！

実際、毎日の家事や雑用はどうしてもやらなければならない。やらずにすませる方法なんてないのだ。誰にでも、面白くなくても毎日やらなければならないことが（ひとつくらいは）あるはず。大事なのは、どうせやるなら自分なりに工夫して楽しくすること。そして、「こんなことをしているヒマがあったら、あれもこれもできるのに……」なんて考えないこと。

五感をフルに生かす

パリにいたとき、わたしはワインテイスティングの講座を受講した。レストランでテイスティングを頼まれたときに、不慣れでぎこちなく見えないように、スキルを身につけておきたいと思ったのだ。それに、ワインの味の良し悪しもわかるようになりたかった。

最初に、インストラクターがワインテイスティングの正しい手順を実演した。ワインの色を目で確認し、グラスを静かに回転させて香りを確認し、最後に味を確認する。「あんなことして気取ってるように見えないかな?」とわたしはちょっぴり不安になった（わたしは「気取ってる」と言われるのがたまらなくイヤなのだ!）。

ほかの受講生たちと照れ隠しにクスクス笑いながら、わたしはグラスを持って手順に従った。それからインストラクターの指示で、わたしたちはテイスティングしたばかりのワインの香りを描写した。ブラックベリーの香り、ヴァニラの香り、ムスクの香り、オークの香り――ほかにもいろんな表現が飛び出してきた。やってみるとけっこう面白くて、わたしたちはいつのまにかすっかり楽しんでいた。

そのとき、わたしはふと気づいたのだ。ワインテイスティングでは五感をフルに生かして、ワインの風味を味わって、香りや味についてあれこれとコメントする――ささやかなことから大きな喜びを引き出す。これはまさに、フランス人の暮らし方そのものだ。

こうしてわたしはワインを味わうことをパリで学んだ。香水を楽しむことも。3時間もかけてディナーを味わうことも。さまざまなチーズの微妙な風味のちがいを発見することも。音楽に耳を傾けてじっくりと味わうことも。パリに来たおかげで、わたしの五感は生き生きと目覚めた――アメリカでずっと暮らしていたら、きっと気に留めることもなかったはずのさまざまなことに、わたしは喜びを見出せるようになった。

それには、ほかにも理由があったかもしれない。わたしはまだ学生で、お気楽な身分だった。請求書を払う必要もなければ、仕事にしがみつく必要もない。若くて冒険心にあふれたわたしの目の前には世界で最も美しいロマンティックな街が広がっていたのだから、疲れも知らずに歩き回って、出会うものすべてに胸をときめかせ、挑戦してみたくなったのも当然だった。毎日があんなにも刺激的で、みずみずしい喜びでいっぱいだったのだから。

ところが、パリから帰国した後のわたしは、いつのまにかつまらないマンネリ生活を送っていた。いつも同じようなものばかり食べて、舌を喜ばせることもなかった。シャンプーやボディソープの香りにも飽きてしまい、うっとりすることもなかった。ラジオで聴くのは退屈なポップソングばかりで、コマーシャルになるとただぼーっとしていた。

パリにいたときはあんなに生き生きとしていた感性が、すっかり死んだようになっていた。あっけないほど簡単にそうなった。なぜって、わたしはもうパリにいなかったから。わたしは突然、人生の岐路に立たされていた。もうすぐ大学を卒業したら、就職して、生まれて初めて自活しなければならない。もう浮かれた気分で、カフェや公園でのんびりしているわけにいかないのだ！

でもやがて、わたしはこう思えるようになった。たしかにいまは人生の大きな節目だけど、こんなに落ち込む必要はないんじゃない？　ヘミングウェイがいみじくも言ったとおり、〝パリは持ち運べるお祭り〟なんだから。パリの暮らしで味わったあの日々のささやかな喜びは、世界中どこに行っても、どんな状況でも、きっと見つけられるはず。

そのときわたしが身をもって学んだのは、生活がマンネリ化して、ささやかなことに喜びを感じられなくなったら、いちばん効果的なのは五感をフルに生かすということ。ロマンティックな外国の街でヴァカンスを過ごさなくたって、みずみずしい喜びにあふれた暮らしはできる。1日じゅうオフィスで働き詰めでも、公園で子どもの相手ばかりしていても、どんな状況だって楽しく過ごすことはできる。パリの石畳の小道を歩いていても、ニューヨークの人ごみをかきわけながら歩いていても。すべてのできごとは、あなたがどう受けとめるかにかかっている。どうなるかは、あなた次第で決まるのだ。

たとえば、月曜日の朝がつらくてたまらなかったら。楽しかった週末も終わり、目覚まし時計のアラームが鳴って、また仕事に追われる1週間が始まる。ああ、もううんざり！　あなたはいやいやベッドから出ると、急いでシャワーを浴びて、20分も迷ってやっと着る服を決めたら、キッチンでボウル1杯のシリアルとインスタントコーヒーを流しこんで、家を飛び出していく。朝はこんなのが当たり前になってしまって、もう体にしみついている感じだ。何も考えずにバタバタと仕度して、どうにか1時間後にオフィスの席にたどり着く。

でもいい加減、そんなうんざりするような朝の過ごし方はやめて、もっと楽しくできないだろうか？　月曜日の朝が（この場合、平日なら何曜日でも！）待ち遠しくなるような過ごし方ができないだろうか？　五感をフルに生かして、朝の過ごし方をがらっと変えてみたらどうだろう？　まず起きたらカシミアのカーディガンを羽織って、ベルベットのようなやわらかな肌触りを楽しんでみる。右の耳の後ろに香水をそっとつければ、昼休みにすれちがった人がうっとりしてしまうかも。朝、家で淹れるコーヒーの香りを楽しもう——自分の好みの濃さに淹れて、クリームの量も絶妙に。そんなふうに朝を過ごしながら、お気に入りのソナタを聴く。なんて素敵な気持ちのいい1日の始め方だろう——ぜひそんなふうに過ごしてみてはいかが？　素敵な楽しいひとときは、特別なときしか味わえないなんて思わないで。

ひとつのことに心を集中させる

1日じゅう慌ただしく過ごさないように気をつけよう。うわの空はやめて、なるべくひとつのことに心を集中させる。あなたにも、絶えず気が散ってしまって、何をやってもうまくいかない日があるだろうか？

たとえ時間がなくても、そのときやっていることに集中しよう。ただやみくもに用事を片付けるだけでは意味がない。思想家のラルフ・ワルド・エマーソンが言ったとおり、「人生は旅であり、目的地ではない」のだから。あせらずに落ち着いて過ごすように心がければ、慣れないことにも進んで取り組めるようになり、ささやかなことにも喜びを感じやすくなる。

お楽しみはほどほどに

わかっちゃいるけどやめられない――そんな楽しみは誰にでもあるはず。たとえばメロドラマみたいなリアリティ番組を観るとか、午後のおやつにチョコレートトリュフをいくつも食べるとか、お風呂につかりながらワインを飲むとか。もしそれであなたが本当に楽しい気分になれるなら、堂々と楽しもう！

でも、そんなひそかなお楽しみがエスカレートして悪い習慣にならないように、くれぐれも注意する必要がある。リアリティ番組を延々と観続けたり、トリュフを2、3個どころか一箱ぜんぶ食べてしまったり、お風呂のなかでワインを何杯も飲み過ぎたりするのは、ただ自分をだらしなく甘やかしているだけだ。楽しいことをするときに肝心なのは、心から楽しい気分でいられること。本当に楽しいことをしていれば、罪悪感を感じたり、気分が悪くなったり、不健康な習慣につながったりすることはない。

わかっちゃいるけどやめられない楽しみが度を越してしまい、自分でコントロールできなくなっているようなら、『アメリ』の登場人物たちを見習って、毎日の暮らしにささやかな喜びを見つけてみよう。そうすれば、不健康な習慣にはあまり意識が向かないようになっていく。たとえば、アメリのお母さんみたいに、バッグの中をきれいにする喜びに目覚めたら、不健康な習慣や手を焼いている習慣（土曜の午後はショッピング三昧とか）から遠ざかれるかもしれない。

バッグの中をきれいにしたり、イチゴのタルトを作ったりするのも、ショッピングに行ったりテレビを観たりするのと同じくらい楽しいかもしれない。実際に試してみよう。そして、わかっちゃいるけどやめられない楽しみが、自分にとってどんな意味があるのか、あらためてよく考えてみること。そうすれば心の奥で深い喜びを感じるだけでなく、お財布もきっと助かるから。

暮らしのあらゆることに喜びを見つけよう——大きなことでも、小さなことでも。ささやかなことも見逃さず、良いことも悪いこともすべて受けとめよう。あなたにはどんな経験も楽しいものに変える力がある。どうせつまらないなんて決めつけずに、暮らしのなかのささやかな喜びを心から味わってみよう。

Le Recap まとめ

*日常のありふれたことに喜びを見出せば、毎日がハッピーで楽しいことがいっぱいになる。

*面倒な家事や雑用は、自分なりに楽しみながら片付ける工夫をしてみよう。

*（どんなことがあっても）人生を前向きにとらえることが大切。ユーモアのセンスも忘れずに。

*そのときやっていることを最大限に楽しむには、五感をフルに生かすこと。

*あせらずに落ち着いて、1日じゅうあわただしく過ごさないようにしよう。本気でそう心がけていれば、そのときやっていることに集中して取り組めるようになる。

Chapter 15 質の良さにこだわる

マダム・シックの家で暮らすうちに、わたしは質の高い豊かな暮らしとはどういうものかを実感することができた。そして衣食住の質だけでなく、物の考え方や感じ方や知性の質についても、多くのことを学んだ。フランス人のライフスタイルは、とにかく多くの点で質の良さを重んじる。

マダム・シックとその家族は素晴らしいお手本だった。装いや身だしなみ、インテリア、そして食事の質にこだわっているのはもちろん、家族どうしの会話や家族で過ごす時間を大切にし、あらゆる意味で質の高い暮らしを送っていた。

彼らは豊かな人生を送るべきだと信じていたし、まさにその通りの暮らしを送っていた。みんな心から自分の人生に満足していた。もし不満を持っていたら、わたしにもきっとわかったはずだ。ひとつ屋根の下で長いあいだ暮らしていたら、そういうことは隠し切れないから。

質の高い豊かな暮らしを送ろうと決心すると、生活のあらゆる面で質の良さが大事になってくる。食材や衣服から時間の過ごし方まで、それまでよりもずっと質にこだわって選ぶようになる。そうするとファストフードをドカ食いしたり、セールだからと安物の服を衝動買いしたり、テレビの前で何時間も貴重な時間をムダにしたりすることが、自然と少なくなっていく。

マダム・シックの一家の質の良いものや経験に対するこだわりは、わたしにとってとても刺激的だった。やがてわたし自身も経験したとおり、そういう暮らしは自分たちの手で実現できるのだ。

良質な食べ物を選ぶ

質の良い食べ物を食べることは、人生の大きな喜びのひとつ。食材に詳しくなって、できるだけ質の良い物を買い求めよう。質の良い食材と言っても、値段の高いものとは限らない。わたしは新鮮な食材を求めて、おいしいものが集まることで世界的に有名な地元のファーマーズマーケットを、こまめにのぞくようになった。ファーマーズマーケットに通うことにしたのは、ふだんの生活になるべく運動を取り入れたかったのと、パリや南フランスの活気にあふれた魅力的な屋外マーケットがなつかしくなったからだった。

サンタモニカ・ファーマーズマーケットに初めて行ったときは、エアルームトマトをいくつかとイチゴを一箱、夏カボチャを数個、それに芽キャベツを買った。これだけ買っても、値段はとても手頃だった。その日、家に帰ったわたしは、大きな黄色いエアルームトマトを薄切りにしてきれいにお皿に並べ、少量のシーソルトをぱらぱらと振りかけた。夫とふたりで食べてみると、トマトの味が濃くて、あまりに風味豊かで、驚いてしまった。わたしたちはスーパーで売っている青白くて味の薄いトマトに慣れてしまって、トマト本来の味を忘れていたのだ。イチゴはとても甘くて、砂糖など必要なかった。イチゴをいくつか味わったあと、ふだん大げさなことを言わない夫がこう言った。「こんなに甘いイチゴは、子どものころにイギリスで食べて以来だよ！」

良質な食べ物の味を覚えると、まずい物は自然と食べたくなくなるので、間食をやめたい人にも効果的。しばらく時間はかかるけれど、やがて以前はおいしいと思って食べていた加工食品やインスタント食品など、質の低い食べ物は自然と食べたくなくなり、外食をするときも、以前より健康的なメニューを選ぶようになる。食いしん坊になっておいしいものに詳しくなれば楽しいし、食にこだわれば生活が豊かになる。

ただし、くれぐれもスノッブにならないように注意すること。レストランや友人宅のディナーパーティーなどで、もし質の低い食べ物が出てきても、うっかり「こんなものは食べられない」なんて態度を取らないように気をつけよう。いつも目の前の食べ物に対する感謝の気持ちとマナーを忘れずに。スノッブな人だと思われたら、パーティーのお誘いも減ってしまうかも。

質の良い服を長く着る

服の生地や仕立てにこだわってみよう。以前より衣類のための出費は増えてしまうかもしれないけれど、良い服はきちんと手入れをすれば長持ちする。

あなたがすでに「10着のワードローブ」を実践していれば、自分の予算で買えるなかで最高の品質の服以外は欲しくないはず。それはちょうど、しっとりとした高級なモルトン・チョコレート・ケーキをいつも食べていたら、スーパーで売っている「ディンドン」（チョコパイ）は食べたくなくなるのと同じ。質の良くない服には、もう満足できないのだ。

下調べして買う

インターネットの時代に生きているわたしたちはラッキー。何かを買うときの下調べに、インターネットほど役に立つものはない。購入客のレビューや評価を見られるし、ブログや消費者志向のウェブサイトもあるから、何を買うにしてもいろいろな情報を知った上で選ぶことができる。長い目でみればかなりお金の節約になるし、ムダな出費に腹が立つことも減るにちがいない。

夫とわたしが最初の子どもの出産準備をしたときは、ベビーベッドやベビーバウンサーやおむつや子ども椅子など（このリストは延々と続く）、いろんなものを買う必要があったが、当然ながらわたしたちはベビー用品のことなんて何にも知らなかった。ただ、予算内でできるだけ良い物を揃えたいと思っていた。あちこちのお店を見て回って、

「たぶんこれがいいんじゃない？」とカンに頼って決める手もあるかもしれないけれど、わたしたちはインターネットでベビー用品に関する記事やレビューをたくさん読んで商品を選んだ。そうやって買った物には、どれも満足している。

それにベビー用品は高いから、だいぶお金の節約にもなったはずだ。ネットで下調べをしたおかげで失敗せずにいい買い物ができたので、余計な出費を防ぐことができた。

買い物のための下調べで重要なのは、「ベビー用品のウェブサイトで、いちばん評価の高いベビーベッドはどれか」を調べるだけではない。じつは、倫理面や環境面の問題も考慮して商品を選ぶ必要がある。

肉や魚や卵を買うときには、動物たちがどのように飼育されているのか、どこで製品化されているのかが気になるだろう。もっと多くの人たちが、オーガニック農法で放し飼いにされ、ホルモン剤を投与されずに飼育された動物の肉を買いたいと主張すれば、そういう製品がもっとたくさん出回るようになるはずだ。

自分が買おうとしている商品についてよく知り、納得できる買い物をするために、よい方法がもうひとつある。それは、「商品を製造している企業が、環境に優しいビジネスを行っているかどうか」を調べること。わたしたちが環境に優しい企業の商品を求めれば、企業側も消費者の愛顧を勝ち取るためにますます努力するだろう。

経験の質を高める

あなたには自分の人生のあらゆる経験を質の高いものにする力がある。すべてはあなた次第。前章では、より豊かで満ち足りた生活を送るために、日常のありふれたことにささやかな喜びを見出そうと話した。小さなことに喜びを見出すのもひとつの方法だけれど、質の高い豊かな暮らしを送るためにいちばん効果的な方法は、毅然とした態度を心がけることだ。

もし何かストレスを感じていることがあったら、その問題を客観的に大きな視野でとらえてみよう。そして「ネガティブ・ダイエット」を始めるのだ。ネガティブな人たちは友人リストから削除してしまおう。人生の時間はとても貴重なのに、他人の愚痴や大騒ぎにいちいち付き合ってはいられない。もちろん、友だちや家族がつらい思いをしているときには、力になってあげたい——自分だってつらいときには、友だちや家族に力になってほしいと思うはずだから。

けれども、四六時中つらい、つらい、と大騒ぎをしているような人には要注意。そういう人から暗い話や悩みごとばかり聞かされることが、あなたにとって大きな負担になっていないだろうか？　しかしそういう困った人は、反面教師にもなる。あなた自身がつらい思いをしているときは、愚痴ばかりこぼして相手を困らせないようにしよう。

どんなときも楽しいことや喜べることを探して、いつでも愛情や思いやりを大切にすること。そうすれば、良いことも悪いことも、あなたの経験はすべて意義深いものになる。

かけがえのない時間を過ごす

家族と一緒に、かけがえのないひとときを過ごそう。家族が全員揃うのは夕食のときだけ、という家庭もあるかもしれない。だったらなおさら、夕食の時間はかけがえのない特別な時間にする必要がある。

テレビは消して、携帯電話はマナーモードにして、パソコンもスリープモードにする。心をこめた食卓にはおいしそうな料理が、盛り付けも美しく並べられている。食卓を囲んでお互いに話しかけよう。「きょうはいいことあった？　何かいやなことがあった？」。愛する家族の笑い声ほど素晴らしいものはない。一緒にかけがえのない時間を過ごすことを、家族の大切な習慣にしよう。

わたしたちは、知らない人やお客様の前ではお行儀よく振る舞っても、家族だけのときはマナーなどお構いなしになってしまったりする。家族と接するときも、良いマナーを心がけよう。そうやって、あなたが家族を大切に思っていることを毎日伝えよう。そうすることで、家族がお互いに相手に対する敬意を忘れないようになる。


わたしはいつも、ムッシュー・シックとマダム・シック夫妻と5人の子どもたちとの関係が、本当に素敵だと思っていた。子どもたちは両親を深く尊敬しており、きょうだい仲もとても良くて、みんなしょっちゅう実家に顔を出していた。マダム・シックの素晴らしい手料理がお目当てだったのはまちがいないけれど、それだけではなかったのだ。

あの家には、いつも笑い声と愛情があふれていた。子どもたちが家に帰るのを楽しみにしていたのは、家族と一緒に過ごせば、どんなときもかけがえのない時間を過ごせると知っていたからだ。

わたしが「暮らしの達人」になるまで

2008年にブログ「The Daily Connoisseur」(暮らしの達人)を立ち上げたのは、まさにこの本でとりあげたテーマについて記事を書くためだった。暮らしの達人というのは、毎日のあらゆる瞬間をかけがえのないものにしようとする人。そして、人生を思いきり楽しむことのできる人のことだ。

けれども、暮らしの達人になりたいという願いは、ブログを始めるずっと前から、小さな種としてわたしの心の奥に蒔かれていたのだと思う。それは、パリのマダム・シックの家で暮らした日々よりも、さらに時間をさかのぼったあるときのことだった……。

すでに書いたとおり、わたしは18歳のとき、両親とともに南フランスのコート・ダジュールに6週間滞在した。父は大学教授で、夏のあいだある学生の家庭教師を引き受けたのだ。その学生の家庭はとても裕福で、カンヌの港に自家用のヨットを持っていたほどだった。そういうわけで、わたしの初めてのヨーロッパ旅行の行き先はカンヌになったのだが、南フランスに詳しい人ならご存じのとおり、カンヌはとても魅惑的な街なのだ。

18歳は感受性が豊かな年頃で、わたしはこの海辺の小さな高級リゾート地の人々の暮らしにすっかり魅了されてしまった。この街の人びとは、昼間からきちんとおしゃれをしていて、夜になればさらに美しく着飾っていた。テーブルマナーにもエチケットにも気を配り、とにかく礼儀作法を重んじて、誰もがわたしのことを「マドモアゼル」と呼んでくれる——なんて素敵なの！ 人びとがディナーの前には食前酒を楽しみ、午後には街のカフェでエスプレッソを飲む姿も印象的だった。

わたしは周りの様子を熱心に観察し始めた——カフェにいても、クロワゼット通り（カンヌの目抜き通り）を歩いていても、ホテルのプールサイドでのんびりしているときも、海辺のレストランでランチをしているときも、母とショッピングをしているときも。この世界的に有名な避暑地に暮らす人々は、人生のあらゆる瞬間を心から楽しんで味わっていた。人生ってなんて楽しいの！

わたしはその6週間を夢見心地で過ごした。それまで生まれ育ったカリフォルニアの小さな街しか知らなかったから、きらびやかなライフスタイルを目の当たりにして最高の気分だった。

わたしたちは日帰り旅行でモナコやサントロペにも足を延ばした。どちらもきわめて贅沢で高級なリゾート地で感激したけれど、それと同時に、わたしはフランス人のライフスタイルにとても魅力を感じた。フランスで出会った人びとは、おしゃれな服を着て、身だしなみも美しく、良い靴を履いて、生き生きと輝いていた。誰もが人生を楽しんでいた。もっと見たい。もっと経験したい。わたしは心からそう願った。

それで6週間の休暇が終わるとすぐに、わたしは大学でフランス語を勉強することに決め、どうにかしてまたフランスへ行こうと決心した。こんどは憧れのパリへ。わたしもフランスで出会った人たちのように、暮らしの達人になりたいと思った——質の高い豊かな暮らしを送るために。こうして種は蒔かれたのだった。

Le Recap まとめ

＊生活のさまざまな面で質の良さにこだわり、素敵な暮らしを心がけよう。

＊食べ物や衣服や時間の過ごし方にこだわる。

＊質が良くておいしい物に詳しくなろう。

＊下調べをして買い物をする。顧客のレビューを参考にし、企業や商品についてもよく調べてから買おう。

＊いつも毅然として、ユーモアのセンスを忘れずに人生に向き合い、どんな経験も意義深いものにしよう。

＊家族や友だちと一緒に過ごすときは、かけがえのない時間を過ごす。

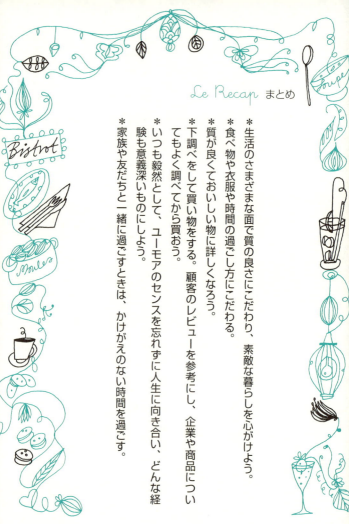

Chapter 16

情熱をもって生きる

パリで暮らしたあの日々から、素敵に暮らすための秘訣をたくさん学んだけれど、なかでもわたしにとっていちばん大きかったのは「情熱的に生きる」ことを学んだことだった。

あなたさえその気になれば、日々のささやかなできごとが特別になる。すべてはあなた次第なのだ。笑いや友情、アート、知的な探求、そして喜びにあふれるとき、人生は素晴らしいものになる。毎日いろんなことに感動しよう。毎朝ベッドから出るとき、あなたは2つの選択肢のうちどちらかを選ぶのだ——何も考えずにただ用事を片付けながら、ぼんやりと1日を過ごすか、それとも、どうせ何かをやるなら熱心に集中して取り組んで、状況のいいときも悪いときも、そこから何かを学ぶか。

パリに住んでいたとき、わたしの生活はすみずみまで情熱であふれていた。わたしは人生が与えてくれる喜びを、思う存分に味わおうとしていた。わたしはほんの小さなことにも大きな喜びを感じた——マダム・シックのおいしい夕食を味わったあとにショパンのレコードを聴いたり、マダム・ボヘミアンヌ特製の小麦粉を使わないチョコレートケーキに舌鼓を打ったり、チュイルリー公園でひなたぼっこをしながら、一篇の素晴らしい詩を読んだり……わたしのパリでの生活は、最高に満ち足りていた。どんなひとときも、わたしには愛おしかった。

もちろん、最初からそんな調子にはいかなかった。半年間の留学が始まったばかりの頃は、気持ちを落ち着かせようとするだけで精一杯だった。家族の元から遠く離れ、気楽で居心地の良い大好きな南カリフォルニアから離れてしまったさみしさをひしひしと感じていた。最初のうちはひっこみ思案だったので、わたしの行動範囲はとても狭く、16区のマダム・シックの家以外には、マダム・ボヘミアンヌの家と、授業のあるソルボンヌ大学とパリ・アメリカ大学だけで、その他の場所には積極的に出かけようとしなかった。もちろん、たまには街を歩き回ることもあったけれど、必ず仲のよい友人たちと一緒で、手には地図を握りしめていた。

けれども、ようやく周りの環境にも慣れ、フランス語もそれなりに話せるようになってくると、街の空気にもなじんできた。それでちょっぴり弾みがついたのだ。わたしはひとりでよく出かけるようになり、オルセー美術館で午後を過ごしたり、シャンゼリゼ通りを歩いたりした。ひとりでカフェの席に座っていても、くつろいだ気分になった。周りを見回しても、知っている人は誰もいない。こうしてパリの大通りで、ドラマみたいなできごとが目の前で繰り広げられるのを、好きなだけ見ていられるなんて。まるで本当のパリジェンヌになった気分だった。

パリに来て1カ月ほど経ったある夜、わたしは知り合ったばかりの女友だちに、みんなでクラブに行こうと誘われた。マダム・シックに夜遊び好きだと思われたくなかったので、それまで夜遅くの外出は控えていたのだけれど、そろそろいいかもしれないと思った。きらきら光るゴールドのタンクトップに黒の細身のパンツを合わせ、ハイヒールを履いておしゃれをしたわたしは、メトロに乗ってパリの中心街へ行き、友人たちと待ち合わせて、遅い夕食をとった。そして、みんなで「レ・バン」というクラブへ向かった。

シャンパンで陽気になったわたしたちは（ちょっぴり豪華なディナーだったのだ）、はしゃぎながらクラブへ入っていった。クラブの中はパリッ子たちであふれかえり、みんな踊っているみたいだった。わたしは人ごみをかきわけて進み、クラブじゅうが見渡せる高いフロアに行った。それから3時間、わたしは熱に浮かされたように夢中で踊り続けた。あの夜、命が血潮のようにわたしの体を駆けめぐっていた。人生で絶対に忘れられない夜のひとつ——だって、初めて本当に自分を解き放つことができたから。

あの夜は、心配ごとは何もかもどこかへ吹き飛んでしまった。ちょっぴり心配だったことも——帰りの終電に間に合うかな？（間に合わなかった）。必修のフランス語文法の期末テストは合格できるかな？（無事に合格した）。それから大きな悩みごとも——留学が終わったらどうしようか？　これからの人生はどうなるんだろう？　またこんなに楽しいことなんてあるんだろうか？

あれから月日が流れ、あのころの悩みや問いかけに対する答えが少しずつ見つかってきている。大人になり、夫とふたりの娘を持つ身となったいま、わたしは「わが家のマダム・シック」でありたいと思っている。わたしはマダムとパリの暮らしからたくさんのことを学んだ。この豊かな知識を娘たちにも伝えたい。どちらの娘にも望んでいることは、情熱をもって生きてほしいということ。大事なのは「何をするか」ではなくて、「どのようにするか」だ。これから先、どんなに面白い人生のいたずらが待っていようと、娘たちには正面から向き合って、自信をもって歩んでいってほしい。

ニューエイジの哲学者エックハルト・トールもこう言っている。「何をするかは二の次。どのようにするかが最も重要だ」。エックハルト・トールはフランス人ではないけれど、この言葉ににじみ出ている彼の哲学はフランス流だ。もちろん、情熱をもって何かに取り組むのは重要だけれど、日常のつまらない雑用をするときでも、自分なりに工夫して楽しくやってみよう。

この本を読んでくださったみなさんが、情熱的な人生を送ることを願ってやまない。愛とアートと音楽にあふれた人生を。みなさんがいつの日か人生を振り返ったときに、いい人生だった――一瞬たりともムダにはしなかった――と、思えるように。

ぼんやりしていると、人生はだらだらと過ぎて行ってしまう。そういう人がどれだけ多いことか……さまよっているうちに、いつのまにか人生は過ぎ去ってしまう。五感も生かさず、心も何も感じなかったら、生きていると言えるのだろうか。

パリに到着した日、マダム・シックのアパルトマンの玄関前に立ったわたしには、それからどんなできごとが自分を待ち受けているのか想像もつかなかった。わたしはかつて経験したこともない大冒険に乗り出そうとしていた――未知の美しい大地へ飛び込もうとしていたのだ。

これから待っているのは、古典映画から脱け出してきたような、由緒正しき名家の人たちとの生活——素晴らしい食事を味わい、瀟洒なアパルトマンに住んで、美しい空間に身を置くことになる。

それから、マダム・ボヘミアンヌやアーティストの仲間たちとの出会い——ワインを飲みながら楽しむ、にぎやかなパーティーの数々。

凍てつくような寒さのなか、パリの美しい街を歩くだろう。学校へ向かう地下鉄の車両にたったひとりで乗っているとき、シックな人びとを眺めながらシャンゼリゼ通りを歩いているときの、あのたまらない満足感。

素晴らしいひとときをみんなと分かち合って、感謝の気持ちでいっぱいになるだろう。ルーブル美術館で真夜中の秘密のカルテットを見たとき、そしてオルセー美術館でマネの絵を初めてこの目で見たときの、あの抑えがたい感動。毎晩食べたひと切れのカマンベール——フロマージュの王様。

ときどき目を閉じると、マダム・シックの家の玄関前に立っている、あのときの自分の姿が目に浮かんでくる——緊張でドキドキしながら、人生への期待に胸がはちきれそうになっている姿が。

そしてとうとう、わたしは一歩を踏み出す。

訳者あとがき

シックなデザイン。シックなおしゃれ。「上品で洗練された」という意味を持つフランス語のシックという言葉は、日本ではそんなふうに使われている。けれども本書を読んでいると、シックという言葉の持つ深い意味がわかってくる——シックというのは人や物の外見だけでなく、ライフスタイルや生き方、暮らし方、心の持ち方までも表す言葉なのだ。

アメリカ人の著者ジェニファー・L・スコットが、南カリフォルニア大学在学中にフランスへ留学し、パリの暮らしで学んだ価値観を一言で表す言葉が「シック」だ。マダム・シックをはじめ、パリのシックな女性たちは自分をよく知っていて、装いにも食事にもインテリアにもこだわりを持っている。大事なことにはお金をかけるが、ムダを嫌い、見栄を張らない。本当に気に入ったものだけを長く使う、シンプルな暮らし。

それは次々と新しい物を求めて大量に消費する、アメリカのライフスタイルとは正反対だった。ジェニファーはみずみずしい感性と優れた知性で新しい価値観を吸収し、殻を破って、女性として花開いていく。

しかし、美しいパリの街に別れを告げ、アメリカに戻ったジェニファーはすっかり落胆し、怠惰で無感動な生活に陥ってしまう。けれどもやがて、彼女は大切なことに気づく。パリの暮らしがあんなにも豊かで満ち足りていたのは、マダム・シックを見習って、日常生活のささやかなことに喜びを見出していたからだ。マダム・シックは、家事に仕事にボランティアに忙しい毎日を送っていた。それでもイライラしたりせず、心穏やかに日々の生活を楽しんでいた。わたしだって自分の心の持ち方しだいで、どこにいても生き生きと素敵に暮らせるはずだ、と。

本書は、いまや家庭を持ち、ライターとして活躍するジェニファーが、留学当時の興味深いエピソードをユーモアたっぷりに織り交ぜながら、パリで学んだシックな暮らしのアイデアを提案するライフスタイルブックだ。

わたしたち日本人もアメリカ人に負けず劣らず、ストレスの多い忙しい毎日を送っている。日常生活のつらさや単調さにひたすら耐え、買い物やたまの旅行で憂さ晴らしをしても、楽しい時間はほんのつかの間で、すぐにまた日常に戻らねばならない。だったら、生活をなるべくシンプルにして、毎日の暮らしにささやかな喜びを見つける工夫をしたほうが、ずっと楽しいはずだ。その秘訣は本書にぎっしりと詰まっている。

わたしもジェニファーに背中を押され、まずは要らない服をごっそり捨てた。続いて自宅の部分リフォームを敢行。すっきりとして、とても気持ちがいい。
最後に、貴重なアドバイスをいただいた翻訳家の田栗美奈子先生、訳出上の疑問に答えていただいたアメリカのカルヴァン・チャンさん、そして素敵な本との出会いをくださり、きめ細かくまとめ上げてくださった、大和書房のシックな鈴木萌さんに、心よりお礼申し上げます。

2014年9月

神崎朗子

文庫版訳者あとがき

『フランス人は10着しか服を持たない――パリで学んだ〝暮らしの質〟を高める秘訣』は、2014年10月の刊行直後から話題となり、フランス本ブームを巻き起こしました。本当に気に入ったものだけを持つシンプルな暮らしを象徴する「10着」はキーワードとなり、女性誌で数々の特集記事が組まれました。

そんな最中、著者のジェニファー・L・スコットさんが初来日。講演会やテレビ出演（日本テレビ「世界一受けたい授業」）によって、さらに大きな反響を呼んだ本書は、2015年の年間ベストセラー第1位（実用書・ノンフィクション部門）を獲得。現在、70万部超のロングセラーとなっています。

この本にはたくさんの魅力が詰まっていますが、これほど多くの人びとの胸に響いたのは、第一に、変身の物語（しかもメモワール）だからでしょう。カリフォルニアからパリへやってきた女の子が、人生観が変わるほどのカルチャーショックを受ける。マダム・シックという憧れの女性に出会い、なりたい自分や目指したいライフスタイルが明確になる。勇気を出して、殻を破り、臆病な自分を変え、怠惰な生活を変える一歩を踏み出す——その姿に自分自身を重ね、毎日の暮らしをもっと素敵に楽しもう、と刺激を受けた方々が多かったのではないでしょうか。訳者の私もそのひとりです。

けれども、著者も述べているとおり、どんなに素晴らしい刺激を受けても、生活というのはいつのまにか惰性に流されがち。その問題に正面から向き合ったのが、続編『フランス人は10着しか服を持たない2——今の家でもっとシックに暮らす方法』です。著者自身が仕事を持つ母親として、どんなに忙しくても、ささやかな喜びを大切に、毎日の暮らしを楽しむためのコツやアイデアを豊富に紹介します。この続編も読者の大きな支持を得て、15万部のベストセラーとなりました。

そして待望のシリーズ第3弾『凜とした魅力』がすべてを変える』が、まもなく日本でも刊行されます。周囲に流されずに、自分らしく心おだやかに生きていくには、衣食住のすべてを貫く価値観を持ち、凜とした態度で臨むこと——ロールモデルとして、ますます輝きを放つジェニファーさんが、同じ時代を生きる女性たちに熱いエールを送ります。どうぞお楽しみに！

2017年3月

神崎朗子

ジェニファー・L・スコット

南カリフォルニア大学卒業。大学3年生のときにフランスのソルボンヌ大学、パリ・アメリカ大学へ留学。典型的なカリフォルニアガールだったが、パリの由緒ある貴族の邸宅で暮らすことになり、マダム・シックに出会う。その生き方に感銘を受け、2008年よりライフスタイルブログThe Daily Connoisseurを執筆。パリで学んだ素敵な暮らしの秘訣を紹介した連載記事が大反響を呼ぶ。それをもとにまとめた本書は15カ国で刊行され、日本でベストセラーに。続編『フランス人は10着しか服を持たない2』に続く、待望のシリーズ最新作『「凛とした魅力」がすべてを変える』も2017年5月に発売予定。
著者オフィシャルホームページ
http://jenniferlscott.com/

神崎朗子（かんざき・あきこ）

翻訳家。上智大学文学部英文学科卒業。訳書に『スタンフォードの自分を変える教室』『申し訳ない、御社をつぶしたのは私です。』（ともに大和書房）、『やり抜く力』（ダイヤモンド社）などがある。

だいわ文庫

フランス人《じん》は10着《ちゃく》しか服《ふく》を持《も》たない

パリで学《まな》んだ〝暮《く》らしの質《しつ》〟を高《たか》める秘訣《ひけつ》

著者　ジェニファー・L・スコット
訳者　神崎朗子《かんざきあきこ》

二〇一七年五月一五日第一刷発行
二〇二五年一月一日第一五刷発行
発行者　佐藤靖
発行所　大和《だいわ》書房
東京都文京区関口一―三三―四　〒一一二―〇〇一四
電話　〇三―三二〇三―四五一一
フォーマットデザイン　鈴木成一デザイン室
本文デザイン　albireo
本文イラスト　Annika Wester
本文印刷　シナノ　カバー印刷　山一印刷
製本　ナショナル製本
ISBN978-4-479-30650-4
乱丁本・落丁本はお取り替えいたします。
http://www.daiwashobo.co.jp